Liderança Inovadora

HARVARD BUSINESS REVIEW

LIDERANÇA INOVADORA

On Leading Through Change

OS MELHORES ARTIGOS DA **HARVARD BUSINESS REVIEW**

Tradução:
Marcia Nascentes

2ª Tiragem

SÉRIE HBR COMPACTA

ELSEVIER

CAMPUS

Do original: Harvard Business Review on Leading Through Change
Tradução autorizada do idioma inglês da edição publicada por Harvard Business School Publishing Corporation

Copidesque: Thiago Gomes
Editoração Eletrônica: Estúdio Castellani
Revisão Gráfica: Edna Cavalcanti e Elisabeth Cordeiro de Mello

Projeto Gráfico
Elsevier Editora Ltda.
Conhecimento sem Fronteiras
Rua Sete de Setembro, 111 – 16º andar
20050-006 – Centro – Rio de Janeiro – RJ – Brasil

Rua Quintana, 753 – 8º andar
04569-011 – Brooklin – São Paulo – SP – Brasil

Serviço de Atendimento ao Cliente
0800-0265340
sac@elsevier.com.br

ISBN 978-85-352-2915-8
Edição original: ISBN 978-1-4221-0280-0

Nota: Muito zelo e técnica foram empregados na edição desta obra. No entanto, podem ocorrer erros de digitação, impressão ou dúvida conceitual. Em qualquer das hipóteses, solicitamos a comunicação ao nosso Serviço de Atendimento ao Cliente, para que possamos esclarecer ou encaminhar a questão.

Nem a editora nem o autor assumem qualquer responsabilidade por eventuais danos ou perdas a pessoas ou bens, originados do uso desta publicação.

CIP-Brasil. Catalogação-na-fonte.
Sindicato Nacional dos Editores de Livros, RJ

L68 Liderança inovadora / Harvard Business Review ; tradução Marcia Nascentes. – Rio de Janeiro : Elsevier, 2008 – 2ª reimpressão.

Tradução de: Harvard business review on leading through change
ISBN 978-85-352-2915-8

1. Desenvolvimento organizacional. 2. Liderança. I. Harvard Business Review. II. Série.

08-0459. CDD: 658.4092
CDU: 65

Sumário

Liderando mudanças

Por que esforços de transformação fracassam

JOHN P. KOTTER

Resumo executivo

NA ÚLTIMA DÉCADA, o autor acompanhou o esforço de mais de 100 empresas que tentaram se reinventar para se tornar melhores competidores. Seus pretextos para tamanho esforço eram os mais diversos: gestão da qualidade total, reengenharia, *rightsizing*, reestruturação, mudança cultural e revitalizações. Em quase todos os casos, a meta era a mesma: lidar com um mercado novo, mais desafiador, mudando a forma de conduzir os negócios.

Alguns destes esforços tiveram grande êxito. Outros foram um fracasso total. A maioria ficou em nível intermediário, tendendo a se manter no fim da escala. As lições que podem ser tiradas dessa experiência serão relevantes para um número cada vez maior de organizações, pois o ambiente de negócios ficará ainda mais competitivo na próxima década.

Uma lição é que a mudança envolve várias fases que, juntas, costumam ser demoradas. Não convém pular etapas, pois isso só gera uma ilusão de velocidade e nunca produz um resultado satisfatório. Uma segunda lição é que erros críticos em qualquer fase podem ter impacto devastador, diminuindo o ritmo e negando ganhos anteriores. As lições de Kotter são elucidativas, pois até mesmo os gerentes mais capacitados costumam cometer pelo menos um grande erro.

NA ÚLTIMA DÉCADA, acompanhei o esforço de mais de 100 empresas que tentaram se reinventar para se tornar competidores melhores. Entre elas, estavam empresas de grande porte (Ford) e de pequeno porte (Landmark Communications); empresas baseadas nos Estados Unidos (General Motors) e em outros países (British Airlines); empresas em dificuldade financeira (Eastern Airlines) e empresas que estavam faturando muito (Briston-Myers Squibb). Seus pretextos para tamanho esforço eram os mais diversos: gestão da qualidade total, reengenharia, *rightsizing*, reestruturação, mudança cultural e revitalizações. Em quase todos os casos, a meta era a mesma: fazer mudanças fundamentais na forma de conduzir os negócios a fim de ajudar a lidar com um ambiente de mercado novo, mais desafiador.

Alguns destes esforços de mudança corporativa tiveram grande êxito. Outros foram fracasso total. A maioria ficou em nível intermediário, tendendo a ficar no fim da escala. As lições que podem ser tiradas desta experiência são interessantes e provavelmente serão relevantes para um número cada vez maior de organizações no ambiente de negócios ainda mais competitivo na próxima década.

A lição mais geral a ser aprendida nos casos mais bem-sucedidos é que o processo de mudança passa por uma série de fases que, no total, costumam exigir muito tempo. Não convém pular etapas, pois isso só gera uma ilusão de velocidade e nunca produz um resultado satisfatório. Uma segunda lição é que erros críticos em qualquer fase podem ter um impacto devastador, diminuindo o ritmo e negando ganhos obtidos com tanta dificuldade. Talvez em virtude de nossa pouca experiência em revitalização de empresas, até mesmo as pessoas mais capacitadas costumem cometer pelo menos um grande erro.

Erro 1: Não definir um real senso de urgência

A maioria dos esforços de mudança bem-sucedidos iniciam-se quando alguns indivíduos ou grupos começam a verificar com atenção a situação competitiva, a posição de mercado, as tendências tecnológicas e o desempenho financeiro da empresa. Eles se concentram na queda da receita em potencial quando uma patente importante expira, na tendência de cinco anos de margens em declínio em um negócio principal, ou em um mercado emergente que todos parecem ignorar. Depois, encontram formas de transmitir estas informações de maneira ampla e drástica, especialmente em relação a crises, crises em potencial ou grandes oportunidades que são muito oportunas. Essa primeira etapa é essencial, pois a ativação de um programa de transformação exige a colaboração agressiva de vários indivíduos. Sem motivação, as pessoas não oferecem ajuda e o esforço é em vão.

Comparada a outras fases do processo de mudança, a fase 1 pode parecer fácil. Mas não é. Bem mais de 50% das empresas que observei falham nesta primeira fase. O que leva a essa falha? Às vezes, executivos menosprezam o fato de que pode ser difícil tirar as pessoas de suas zonas de conforto. Às vezes, menosprezam o próprio êxito em destacar a urgência em situações anteriores. Outras vezes, falta-lhes paciência: "Chega de preliminares; vamos direto ao ponto." Em muitos casos, executivos ficam paralisados com as possibilidades de desvantagens. Eles receiam que empregados com senioridade fiquem defensivos, que o moral caia, que os eventos fiquem fora de controle, que resultados de negócios de curto prazo fiquem comprometidos, que as ações despenquem e que sejam acusados de ter provocado uma crise.

Um gerenciamento sênior paralisado costuma ser fruto de um excesso de gerentes e da falta de líderes. A ordem do gerenciamento é minimizar o risco e manter o sistema atual em operação. A mudança, por definição, exige a criação de um novo sistema, que, por sua vez, sempre exige liderança. A primeira etapa de um processo de renovação costuma não avançar enquanto uma quantidade suficiente de líderes reais não é promovida ou contratada para ocupar cargos de nível sênior.

A transformação costuma começar, e com um bom começo, quando uma empresa tem um novo comandante que é um bom líder e percebe a necessidade de uma grande mudança. Quando o alvo da renovação é a empresa inteira, o CEO é fundamental. Quando a mudança se faz necessária em uma divisão, o gerente-geral da divisão é fundamental. Quando esses indivíduos não são novos líderes, grandes líderes, nem campeões da mudança, a primeira etapa pode ser um enorme desafio.

Resultados ruins nos negócios são uma bênção e uma maldição na primeira etapa. O lado positivo é que a perda de dinheiro não atrai a atenção das pessoas. Mas isso também deixa menos espaço para manobras. Com resultados bons nos negócios, ocorre o contrário: é muito mais difícil convencer as pessoas da necessidade de mudança, mas você dispõe de mais recursos para ajudar a fazer mudanças.

Independente do bom ou mau desempenho no ponto de partida, até mesmo nos casos mais bem-sucedidos que testemunhei, um indivíduo ou grupo sempre facilita uma conversa franca sobre fatos potencialmente desagradáveis: nova concorrência, menor margem de lucro, menor participação no mercado, ganhos fixos, falta de crescimento da receita ou outros indícios relevantes de uma posição competitiva desfavorável. Como parece haver uma tendência humana quase universal de atacar quem traz as más notícias, especialmente se o comandante da empresa não é um campeão da mudança, executivos dessas empresas costumam contar com pessoas de fora para revelar informações indesejadas. Analistas do Wall Street, clientes e consultores podem ser úteis nesse sentido. O objetivo de toda essa atividade, como disse um ex-CEO de uma empresa européia de grande porte, é "fazer com que o *status quo* pareça mais perigoso do que a revelação de algo desconhecido".

Em alguns dos casos mais bem-sucedidos, um grupo fabricou uma crise. Um CEO provocou deliberadamente a maior perda de contabilidade na história da empresa, gerando enormes pressões de Wall Street no processo. O presidente de uma divisão realizou as primeiras pesquisas de satisfação dos clientes e sabia perfeitamente que os resultados seriam terríveis. Depois, divulgou suas descobertas. Isso pode parecer arriscado demais. Mas também há risco naquilo que é seguro demais: quando a taxa de urgência não é suficientemente energizada, o processo de transformação não pode ser bem-sucedido e, no longo prazo, o futuro da empresa corre risco.

Como saber se a taxa de urgência é suficientemente alta? Pelo que tenho observado, a resposta é: quando cerca de 75% do gerenciamento de uma empresa está realmente convencida de que manter os negócios como estão é totalmente inaceitável. Um valor inferior pode gerar sérios problemas futuros no processo.

Erro 2: Não criar uma coalizão orientadora suficientemente poderosa

Grandes programas de renovação costumam iniciar com apenas uma ou duas pessoas. Em casos de esforços de transformação bem-sucedidos, a coalizão de liderança cresce cada vez mais com o tempo. Mas sempre que uma massa mínima não é alcançada logo no início do esforço, não ocorre nada que valha muito a pena.

Costuma-se dizer que uma grande mudança só é possível quando o comandante da organização é um defensor ativo. Mas estou falando de algo que vai muito além disso. Em transformações bem-sucedidas, o presidente ou gerente-geral da divisão, além de mais 5, 15 ou 50 pessoas, desenvolvem juntos um comprometimento compartilhado de desempenho excelente por meio da renovação. Em minha experiência, este grupo nunca inclui todos os maiores executivos seniores da empresa, pois algumas pessoas simplesmente não acreditam na idéia, pelo menos a princípio. Mas, nos casos mais bem-sucedidos, a coalizão sempre é muito poderosa – em termos de títulos, informações e expertise, reputações e relacionamentos.

Em empresas de pequeno e grande porte, uma equipe orientadora bem-sucedida pode consistir em apenas três a cinco pessoas no primeiro ano de um esforço de renovação. Mas em empresas de grande porte, a coalizão precisa crescer de 20 a 50% para poder progredir a partir da fase 3. O grupo é constituído, em sua maioria, por gerentes seniores. Mas, às vezes, você encontra membros do Conselho de Administração, um representante de um cliente importante ou mesmo um líder de sindicato poderoso.

Como a coalizão orientadora inclui membros que não fazem parte do gerenciamento sênior, ela tende a operar fora da hierarquia normal, por definição. Isto pode parecer estranho, mas é realmente necessário. Se a hierarquia existente estivesse funcionando bem, não haveria necessidade de uma grande transformação. Mas, como o sistema atual não está funcionando, uma reforma em geral exige atividade fora dos limites, expectativas e protocolo formais.

Um alto grau de urgência dentro das classificações gerenciais ajuda muito a definir uma coalizão orientadora. Mas, em geral, é preciso fazer mais. Alguém precisa reunir essas pessoas, ajudá-las a desenvolver uma avaliação compartilhada dos problemas e oportunidades de sua empresa, e criar um nível mínimo de confiança e comunicação. Seminários de dois a três dias, realizados fora da empresa, costumam ser uma boa solução. Acompanhei vários grupos de 5 a 35 executivos que participaram de uma série de seminários desse tipo por vários meses.

Empresas que fracassam na etapa 2 costumam subestimar as dificuldades de produzir a mudança e, portanto, a importância de uma coalizão orientadora poderosa. Às vezes, elas não têm um histórico de trabalho em equipe no topo e, portanto, menosprezam a importância desse tipo de coalizão. Por vezes, elas esperam que a equipe seja conduzida por um executivo do staff de recursos humanos, da qualidade ou do planejamento estratégico, e não por um gerente de linha principal. Independentemente da competência ou dedicação do chefe de staff, os grupos sem uma liderança de linha forte nunca alcançam o poder necessário.

Esforços sem uma força de coalizão orientadora suficiente podem fazer um progresso aparente por algum tempo. Mas, cedo ou tarde, a oposição se fortalece e interrompe a mudança.

Erro 3: Falta de visão

Em todo esforço de transformação bem-sucedido que vi até hoje, a coalizão orientadora desenvolve uma imagem do futuro que é relativamente fácil de transmitir para atrair clientes, acionistas e empregados. Uma visão sempre vai além dos números que costumam ser encontrados em planos de cinco anos. Uma visão diz algo que ajuda a esclarecer a direção para a qual uma empresa precisa se mover. Às vezes, o primeiro esboço é criado praticamente por um único indivíduo. Ele costuma ser um pouco indistinto, pelo menos no início. Mas, após a ação da coalizão, por 3, 5 ou até 12 meses, algo muito melhor surge através do seu forte pensamento analítico e de uma pitada de sonho. No final, acaba-se desenvolvendo uma estratégia para atingir essa visão.

Em uma empresa européia de médio porte, o primeiro passo de uma visão continha dois terços das idéias básicas do produto final. O conceito de alcance global estava na versão inicial desde o começo. O mesmo vale para a idéia de se tornar preeminente em determinados negócios. Mas uma idéia central da versão final – abandonar atividades que agregavam pouco valor – só surgiu após uma série de conversas durante vários meses.

Sem uma visão sensata, um esforço de transformação pode facilmente se dissolver em uma lista de projetos confusos e incompatíveis que podem conduzir a empresa na direção errada ou a lugar nenhum. Sem uma visão bem fundada, o projeto de reengenharia do Departamento de Contabilidade, a nova avaliação de desempenho 360° do Departamento de Recursos Humanos, o programa de qualidade da fábrica, o projeto de mudança cultural na força de vendas não oferecerão uma contribuição significativa.

Em transformações fracassadas, é comum encontrar diversos planos, diretivas e programas, mas nenhuma visão. Em um caso, uma empresa distribuiu cadernos de anotação com 10cm de espessura que descrevem seu esforço de mudança. Em detalhes paralisantes os livros listam procedimentos, metas, métodos e prazos. Mas não há uma só declaração clara e convincente de onde se pretende chegar com tudo isso. Assim, não fiquei surpreso ao constatar que a maioria dos empregados com os quais conversei estavam confusos ou alienados. Aqueles livros espessos e grandes não tinham o dom de uni-los, nem de inspirar a mudança. Na realidade, provavelmente tiveram o efeito contrário.

Em alguns dos casos menos bem-sucedidos que observei, o gerenciamento tinha um senso de direção, mas era confuso demais ou pouco claro para ser útil. Pedi a um executivo de uma empresa de médio porte para descrever sua visão. A palestra de 30 minutos foi de difícil compreensão. Os elementos básicos de uma visão consistente estavam ocultos em sua resposta. Mas foram muito bem escondidos.

Uma regra prática e útil: quando você não consegue transmitir a visão a alguém em cinco minutos ou menos, mas obtém uma reação que significa compreensão e interesse, isso quer dizer que esta fase do processo de transformação ainda não acabou.

Erro 4: Comunicar a visão de maneira extremamente deficiente

Encontrei três padrões muito comuns referentes à comunicação. No primeiro, um grupo realmente desenvolve uma ótima visão de transformação e, depois, comunica a visão em uma única reunião ou faz um único comunicado. O grupo utiliza cerca de 0,0001% da comunicação anual dentro da empresa e fica surpreso com o fato de poucas pessoas compreenderem a nova abordagem. No segundo padrão, o chefe da organização passa um bom tempo dando palestras a grupos de empregados, mas, mesmo assim, a maioria delas continua sem entender o significado das mesmas (isso não é surpreendente, pois a visão capta apenas 0,0005% da comunicação anual total). No terceiro padrão, há um esforço bem maior, traduzido em newsletters e palestras, mas alguns executivos seniores bem visíveis ainda se comportam de forma antitética à visão. O resultado líquido é que o cinismo entre as tropas aumenta, enquanto a crença na comunicação diminui.

A transformação só é possível quando há centenas ou milhares de pessoas empenhadas em ajudar, muitas vezes a ponto de fazer sacrifícios de curto prazo. Os empregados não farão sacrifícios, mesmo que estejam insatisfeitos com o *status quo*, a menos que acreditem que é possível fazer uma mudança útil. Sem uma grande dose de comunicação confiável, nunca será possível conquistar os corações e as mentes das tropas.

Esta quarta fase é especialmente desafiadora quando os sacrifícios de curto prazo incluem perdas de emprego. É difícil obter a compreensão e o apoio quando o downsizing faz parte da visão. Por esse motivo, visões bem-sucedidas costumam incluir novas possibilidades de crescimento, além do comprometimento de tratar de forma justa qualquer pessoa demitida.

Executivos que se comunicam bem incorporam mensagens em suas atividades a toda hora. Em uma discussão rotineira sobre um problema de negócios, conversam acerca de como soluções propostas se adequam (ou não) a um cenário maior. Em uma avaliação de desempenho normal, conversam sobre como o comportamento do empregado ajuda ou prejudica a visão. Em uma revisão de desempenho trimestral de uma divisão, conversam não apenas sobre os números, mas também sobre como executivos da divisão estão contribuindo para a transformação. Em um teste de P&R realizado com os empregados nas instalações de uma empresa, eles associam suas respostas a metas de renovação.

Nos esforços de transformação mais bem-sucedidos, executivos utilizam todos os canais de comunicação existentes para divulgar a visão. Eles transformam newsletters maçantes e não lidas da empresa em artigos interessantes sobre a visão. Eles transformam reuniões de gerenciamento trimestrais ritualísticas e chatas em debates empolgantes sobre a transformação. Eles se livram de grande parte da educação de gerenciamento genérica da empresa e a substituem por cursos que destacam problemas de negócios e a nova visão. O princípio orientador é simples: utilizar todos os canais possíveis, especialmente aqueles que estão sendo desperdiçados com informações não-essenciais.

Talvez o mais importante de tudo seja o fato de que os executivos que conheci em casos bem-sucedidos de grandes mudanças aprendem a "agir conforme o discurso". Eles tentam conscientemente se tornar um símbolo vivo da nova cultura corporativa. Em geral, isso não é fácil. Não se pode esperar que um gerente de fábrica de 60 anos de idade que, em 40 anos de sua preciosa existência, passou pouquíssimo tempo pensando em clientes, de repente adote uma visão orientada ao cliente. Mas já fui testemunha de tal mudança, e a pessoa em questão mudou muito. Nesse caso, o que contribuiu foi o alto nível de urgência. O fato de que o homem fazia parte da coalizão orientadora e a equipe de criação da visão também ajudaram. A comunicação também foi outro fator importante pois era como um lembrete do comportamento desejado. O feedback de seus colegas e subordinados também o ajudava a perceber quando não estava envolvido naquele comportamento.

A comunicação se faz por meio de palavras e ações, e as ações costumam ser mais poderosas. Nada tem maior poder de enfraquecer a mudança do que o comportamento de indivíduos importantes que seja inconsistente com suas palavras.

Erro 5: Não eliminar os obstáculos à nova visão

Transformações bem-sucedidas começam a envolver um grande número de pessoas à medida que o processo avança. Empregados são incentivados a experimentar novas abordagens, desenvolver novas idéias e fornecer liderança. A única restrição é que as ações se ajustem aos amplos parâmetros da visão geral. Quanto mais pessoas envolvidas, melhor é o resultado.

Até certo ponto, uma coalizão orientadora dota outras pessoas de empowerment para agir, pois simplesmente comunica com êxito a nova direção. Mas a comunicação em si nunca é suficiente. A renovação também exige a remoção de obstáculos. Muitas vezes, um empregado compreende a nova visão e deseja ajudar a fazer acontecer. Mas parece que há um elefante no caminho impedindo a passagem. Em alguns casos, o elefante está apenas na mente da pessoa e o desafio é convencer o indivíduo de que não existe obstáculo externo. Mas, na maioria dos casos, os elementos bloqueadores são bem reais.

Às vezes, o obstáculo é a estrutura organizacional: a existência de poucas categorias de trabalho pode acabar com os esforços para aumentar a produtividade ou tornar muito difícil até mesmo pensar em clientes. Às vezes, sistemas de compensação ou de avaliação de desempenho levam pessoas a escolher entre a nova visão e seu interesse pessoal. Talvez o pior de tudo sejam os chefes que se recusam a mudar e que fazem exigências inconsistentes com o esforço geral.

Uma empresa começou seu processo de transformação com muita publicidade e realmente conseguiu progredir até a quarta fase. Em seguida, seus esforços de mudança estacionaram, pois o diretor responsável pela maior divisão da empresa obteve permissão para eliminar a maioria das novas iniciativas. Ele concordava em ajudar no processo, mas, na prática, não mudava seu comportamento nem incentivava seus gerentes a mudar. Não recompensava as idéias não-convencionais presentes na visão. Ele permitia que sistemas de recursos humanos permanecessem intactos, mesmo quando estavam claramente inconsistentes com as novas idéias. Acredito que os motivos do diretor fossem complexos. Até certo ponto, ele não acreditava que a empresa realmente precisava de uma grande mudança. De certo modo, se sentia pessoalmente ameaçado por todas as mudanças. Temia que pudesse gerar tanta mudança quanto o lucro operacional esperado. Mas, apesar do fato de que apoiavam o esforço de renovação, os outros diretores não faziam nada para impedir a ação do bloqueador. E, novamente, os motivos eram complexos. A empresa não tinha histórico de confronto de problemas dessa natureza. Algumas pessoas tinham medo do diretor. O CEO ficava preocupado com a possibilidade de perder um executivo talentoso. O resultado líquido era desastroso. Gerentes de nível inferior concluíram que o gerenciamento sênior havia mentido sobre seu comprometimento em renovar e, assim, aumentou o cinismo e todos os esforços foram por água abaixo.

Na primeira metade do processo de transformação, nenhuma organização tem o ritmo, o poder ou o tempo adequado para se livrar de todos os obstáculos. Mas os grandes obstáculos precisam ser confrontados e eliminados. Se o bloqueador é uma pessoa, é importante tratá-la de forma justa e consistente com a nova visão. Mas a ação é essencial, tanto para dotar outros de empowerment quanto para manter a credibilidade do esforço de mudança como um todo.

Erro 6: Não planejar sistematicamente e não criar vitórias de curto prazo

A verdadeira transformação demora para acontecer. Esforços de renovação correm o risco de perder o ritmo quando não há metas de curto prazo a serem alcançadas e comemoradas. A maioria das pessoas não se junta ao grupo em defesa de uma causa, a menos que encontre uma evidência convincente, dentro de 12 a 24 meses, de que a jornada está produzindo resultados esperados. Sem ganhos de curto prazo, muitas pessoas acabam desistindo ou fazendo parte da enorme lista daqueles que resistem à mudança.

Após um a dois anos em um esforço de transformação bem-sucedido, você percebe que a qualidade começa a melhorar em determinados índices ou que diminui a queda no resultado líquido. Encontra algumas apresentações de produtos novos que deram certo ou um movimento ascendente na participação de mercado e nota uma melhoria impressionante na produtividade ou uma avaliação de satisfação do cliente estatisticamente superior. Mas, independente do caso, o ganho não tem ambigüidade. O resultado não é apenas um pedido de julgamento que pode ser descontado por aqueles contrários à mudança.

Criar ganhos de curto prazo é diferente de esperar ganhos de curto prazo. A espera é passiva, enquanto a criação é ativa. Em uma transformação bem-sucedida, gerentes buscam formas de conseguir reais melhorias de desempenho, estabelecer metas em um sistema de planejamento anual, atingir os objetivos e recompensar as pessoas envolvidas com reconhecimento, promoções, e até mesmo dinheiro. Por exemplo, a coalizão orientadora em uma empresa manufatureira norte-americana levou ao lançamento de um novo produto, altamente visível e bem-sucedido, por volta de 20 meses após o início de seu esforço de renovação. Apesar dos esforços, o novo produto levou cerca de seis meses para ser selecionado, pois atendia a vários critérios: poderia ser projetado e lançado em um período relativamente curto; ser manipulado por uma equipe reduzida que se dedicava à nova visão; tinha um potencial superior; e a equipe responsável pelo desenvolvimento do novo produto poderia operar fora da estrutura departamental estabelecida sem gerar problemas práticos. A empresa decidiu não dar chance ao acaso e, assim, a vitória reforçou a credibilidade do processo de renovação.

Gerentes costumam reclamar de serem forçados a gerar ganhos de curto prazo, mas descobri que a pressão pode ser um elemento útil em um esforço de mudança. Quando fica claro para as pessoas que levará muito tempo para ocorrer uma grande mudança, os níveis de urgência podem cair. O comprometimento de gerar ganhos de curto prazo ajuda a manter o nível de urgência alto e força o pensamento analítico detalhado que pode esclarecer ou rever visões.

Erro 7: Declarar vitória antes do tempo

Após alguns anos de muito trabalho, gerentes podem ficar tentados a declarar vitória ao primeiro sinal claro de aumento de desempenho. Apesar de não haver mal algum em comemorar uma vitória, declarar que a batalha foi vencida pode ser catastrófico. Até que as mudanças sejam totalmente absorvidas pela cultura de uma empresa, um processo que pode levar de cinco a dez anos, novas abordagens são frágeis e sujeitas à regressão.

Tenho observado muitos esforços de mudança que se baseiam na reengenharia. Com exceção de dois casos, a vitória foi declarada e os consultores foram devidamente pagos e agradecidos quando o primeiro grande projeto foi concluído após dois ou três anos. Dentro de dois anos, as mudanças úteis que haviam sido introduzidas desapareceram lentamente. Podemos dizer que, em cada dez casos, há dois em que é difícil encontrar um traço sequer da reengenharia que funcione hoje.

Nos últimos 20 anos, observei o mesmo ocorrer em projetos de alta qualidade, esforços de desenvolvimento organizacional e em outros setores. Em geral, os problemas surgem no início do processo: o nível de urgência não é intenso o suficiente, a coalizão orientadora não é poderosa o bastante, e a visão não é suficientemente clara. Mas é a comemoração da vitória antes do tempo que acaba com o ritmo. E, depois, as forças poderosas associadas à tradição assumem o controle da situação.

Ironicamente, uma combinação de iniciadores de mudanças e resistentes às mudanças costuma levar à comemoração prematura da vitória. Entusiasmados diante de um sinal claro de progresso, os iniciadores chegam ao extremo. A eles se juntam os resistentes, que percebem rapidamente qualquer oportunidade de deter a mudança. Passada a comemoração, os resistentes apontam a vitória como um sinal de que a guerra foi vencida e que as tropas devem voltar para casa. As tropas exaustas se deixam convencer de que ganharam a batalha. Uma vez em casa, os bravos soldados hesitam em embarcar novamente nos navios. Logo depois, o processo de mudança é interrompido e a tradição reassume o controle.

Em vez de declarar vitória, líderes de esforços bem-sucedidos utilizam a credibilidade propiciada por vitórias de curto prazo para lidar com problemas até maiores. Procuram identificar sistemas e estruturas que não acompanham a visão de transformação e que ainda não tenham sido confrontados. Prestam muita atenção em quem é promovido, quem é contratado, e em como as pessoas se desenvolvem. Incluem novos projetos de reengenharia com escopo ainda maior do que os projetos iniciais. Compreendem que esforços de renovação não levam meses, mas sim anos. Na verdade, em uma das transformações mais bem-sucedidas que encontrei, quantificamos o volume de mudança ao ano, em um período de sete anos. Em uma escala de 1 (baixo) a 10 (alto), o ano 1 recebeu nota 2; o ano 2, nota 4; o ano 3, nota 3; o ano 4, nota 7; o ano 5, nota 8; o ano 6, nota 4 e o ano 7, nota 2. O pico ocorreu no quinto ano, exatamente 36 meses após a primeira série de vitórias visíveis.

Erro 8: Não ancorar as mudanças na cultura da empresa

Na análise final, a mudança é aceita quando se torna "a forma como fazemos as coisas por aqui", quando passa a correr nas veias do corpo corporativo. Enquanto estiverem enraizados em normas sociais e valores compartilhados, os novos comportamentos estarão sujeitos à degradação logo que a pressão por mudança for eliminada.

Dois fatores são especialmente importantes na institucionalização da mudança na cultura corporativa. O primeiro é uma tentativa consciente de mostrar às pessoas como as novas abordagens, comportamentos e atitudes ajudaram a melhorar o desempenho. Quando precisam fazer conexões por si mesmas, às vezes as pessoas fazem associações muito imprecisas. Por exemplo, como os resultados melhoraram durante a gestão do carismático chefe Harry, as tropas associaram seu estilo extremamente idiossincrático aos resultados, em vez de verificar como a própria melhoria no atendimento aos clientes e na produtividade foram fatores decisivos no processo. Mas, para ajudar as pessoas a perceber as conexões certas, é preciso utilizar a comunicação. Na realidade, uma empresa foi implacável e teve uma enorme recompensa por isso. Aproveitou todas as grandes reuniões de gerenciamento para discutir sobre os motivos do aumento do desempenho. O jornal da empresa incluía vários artigos mostrando como as mudanças aumentaram muito os lucros.

O segundo fator é o cuidado em reservar tempo suficiente para se certificar de que a próxima geração de alta gerência realmente personifique a nova abordagem. Se as exigências de promoção não mudarem, a renovação dificilmente resistirá. Uma decisão de sucessão errada na alta gerência de uma empresa pode arruinar uma década de grande esforço. Fracas decisões de sucessão são aceitas quando Conselhos de Administração não são parte integrante do esforço de renovação. Em pelo menos três exemplos que acompanhei, o campeão da mudança era o executivo prestes a se aposentar e, embora o sucessor não fosse um resistente, não era um campeão da mudança. Como não compreendiam os detalhes das transformações, os Conselhos de Administração não percebiam que suas escolhas não eram adequadas. No caso do executivo prestes a se aposentar, certa vez ele tentou convencer o Conselho de Administração a admitir um candidato menos experiente que personificava melhor a transformação. Nos outros dois casos, os CEOs não resistiram às escolhas dos Conselhos de Administração, pois acreditavam que a transformação não poderia ser desfeita pelos seus sucessores. Eles estavam enganados. Em dois anos, os sinais de renovação começaram a desaparecer nas duas empresas.

AS PESSOAS COMETEM ainda mais erros, mas esses oito são os mais graves. Percebo que, em um pequeno artigo, tudo parece ser simples demais. Na realidade, até mesmo os esforços de mudança bem-sucedidos são confusos e cheios de surpresas. Mas, assim como uma visão relativamente simples é necessária para orientar as pessoas a fazer uma grande mudança, uma visão do processo de mudança pode reduzir a taxa de erros. E um menor número de erros pode ser o elemento diferenciador entre sucesso e fracasso.

Oito passos para transformar sua empresa

1. Estabelecer um senso de urgência
- Examinar o mercado e as realidades competitivas
- Identificar e discutir crises, crises em potencial ou grandes oportunidades

▽

2. Criar uma forte coalizão orientadora
- Reunir um grupo com poder suficiente para liderar o esforço de mudança
- Incentivar o grupo a trabalhar em equipe

▽

3. Criar uma visão
- Criar uma visão para ajudar a direcionar o esforço de mudança
- Desenvolver estratégias para atingir esta visão

▽

4. Comunicar a visão
- Utilizar todos os veículos possíveis para transmitir a nova visão e as estratégias
- Ensinar novos comportamentos pelo exemplo da coalizão orientadora

▽

5. Dotar outros de empowerment para agir sobre a visão
- Eliminar obstáculos à mudança
- Mudar sistemas ou estruturas que abalam profundamente a visão
- Incentivar as pessoas a assumir riscos e a apresentar idéias, atividades e ações não tradicionais

▽

6. Planejar e criar vitórias de curto prazo
- Planejar um aperfeiçoamento de desempenho visível
- Criar estes aperfeiçoamentos
- Reconhecer e recompensar empregados envolvidos nos aperfeiçoamentos

▽

7. Consolidar as melhorias e gerar ainda mais mudanças
- Utilizar maior credibilidade para mudar sistemas, estruturas e políticas que não se adequam à visão
- Contratar, promover e desenvolver empregados que conseguem implementar a visão
- Fortalecer o processo com novos projetos, temas e agentes de mudança

▽

8. Institucionalizar novas abordagens
- Articular as conexões entre os novos comportamentos e o sucesso corporativo
- Desenvolver os meios para garantir o desenvolvimento e a sucessão da liderança

Originalmente publicado em março-abril de 1995
Reimpressão 95204

Liderança decisiva

W. CHAN KIM E RENÉE MAUBORGNE

Resumo executivo

QUANDO WILLIAM BRATTON foi nomeado comandante da polícia da cidade de Nova York, em 1994, eram comuns as lutas de poder para obter autoridade e captação. Além disso, a criminalidade estava fora de controle. Mas, em menos de dois anos, e sem aumentar o orçamento, Bratton transformou Nova York na metrópole mais segura do país. E o NYPD foi apenas a última das cinco agências de aplicação da lei revitalizadas por Bratton. Em todos os casos, obteve êxito em tempo recorde, apesar dos recursos limitados, de um staff desmotivado, da oposição de poderosos interesses garantidos e de uma organização presa ao *status quo*.

As revitalizações de Bratton demonstram o que os autores chamam de liderança decisiva. A teoria de pontos decisivos depende do insight de que, em qualquer organização, podem ocorrer rapidamente mudanças fundamentais quando crenças e energias de uma massa crítica de pessoas geram um movimento epidêmico voltado para a idéia.

Bratton começa vencendo as barreiras cognitivas que bloqueiam empresas, impedindo que elas reconheçam a necessidade de mudança. Ele faz isso levando gerentes a encarar os problemas operacionais. Em seguida, verifica as limitações de fundos, staff ou equipamentos, concentrando-se em recursos nas áreas com maior necessidade de mudança e com maiores compensações. Ao mesmo tempo, resolve o problema da motivação escolhendo os principais influenciadores – pessoas com poder desproporcional em função de suas conexões e capacidade persuasiva. Finalmente, bloqueia a resistência de adversários poderosos.

Nem todo CEO tem a personalidade para ser como Bill Bratton, mas o sucesso dele não se deve apenas à sua personalidade. Ele conta com um método muito consistente que qualquer gerente em busca da revitalização de uma empresa pode utilizar para vencer as forças da inércia e alcançar o ponto decisivo.

EM FEVEREIRO DE 1994, William Bratton foi nomeado comandante da polícia da Cidade de Nova York. A situação não estava a seu favor. O Departamento de Polícia de Nova York, com um orçamento de $2 bilhões e uma força de trabalho de 35 mil policiais, era visivelmente difícil de gerenciar. Eram comuns as lutas de poder para obter autoridade e captação. Os policiais eram mal pagos em relação a outros policiais de comunidades vizinhas, e as promoções pareciam não estar vinculadas ao desempenho. A criminalidade fugiu tanto ao controle que a imprensa não se referia mais a Nova York como a Big Apple, mas sim como a Rotten Apple. Na verdade, muitos cientistas sociais já haviam concluído, após três décadas de crescente aumento, que a criminalidade na Cidade de Nova York era resistente à intervenção da polícia. O máximo que a polícia conseguia fazer era reagir aos crimes após serem cometidos.

Mas, em menos de dois anos, e sem um aumento no orçamento, Bill Bratton transformou Nova York na metrópole mais segura do país. Entre 1994 e 1996, houve 39% menos delitos graves, 50% menos assassinatos e 35% menos roubos. Enquetes relatavam que a confiança do público no NYPD subira de 37% para 73%, e até mesmo as pesquisas internas mostravam que a satisfação no trabalho no departamento policial atingiu seu nível mais alto. É natural que a popularidade de Bratton tenha disparado. Em 1996, apareceu na capa da revista *Time*. Talvez o mais impressionante seja o fato de que as mudanças duraram mais do que seu instigador, gerando uma mudança fundamental na cultura e na estratégia organizacionais do departamento. Os índices da criminalidade continuaram a cair: as estatísticas divulgadas em dezembro de 2002 revelavam que o índice geral de criminalidade em Nova York é o menor entre as 25 maiores cidades dos Estados Unidos.

A revitalização do NYPD surpreenderia qualquer chefe de polícia. Para Bratton, contudo, esta foi apenas a última de cinco revitalizações bem-sucedidas em 20 anos de carreira na polícia. Acreditando que Bratton poderia repetir a experiência de sucesso de Nova York e Boston, Los Angeles recrutou-o para assumir o desafio de revitalizar o LAPD. (Para obter um resumo de suas conquistas, veja o quadro "Bratton em ação".)

Então, o que faz Bill Bratton dar tão certo? Como pesquisadores de gerenciamento, temos fascinação em descobrir o que dispara o alto desempenho ou de repente revigora uma organização doente. Em nosso esforço para descobrir os elementos comuns subjacentes a estes saltos de desempenho, criamos um banco de dados com mais de 125 empresas dentro e fora da área de negócios. Bratton chamou nossa atenção para este fato, pela primeira vez, no início da década de 1990, quando soubemos da revitalização feita por ele na New York Transit Police. Bratton era especial para nós pois, em todas as suas revitalizações, foi bem-sucedido em tempo recorde, apesar de ter enfrentado as quatro barreiras que gerentes costumam apontar como elementos bloqueadores do alto desempenho: empresa atrelada ao *status quo*, recursos limitados, staff desmotivado e oposição aos poderosos interesses garantidos. Se Bratton conseguisse vencer esses problemas, imaginamos que outros líderes pudessem aprender muito com ele.

Bratton em ação

O Departamento de Polícia de Nova York não foi o primeiro caso de revitalização de Bill Bratton. A tabela a seguir descreve seus maiores desafios e conquistas nos 20 anos em que atuou como reformador da polícia.

Domínio	**Distrito Policial 4 de Boston**	**Massachusetts Bay Transit Authority (MBTA)**	**Boston Metropolitan Police ("Os Mets")**	**New York Transit Police (NYTP)**	**Departamento de Polícia de Nova York (NYPD)**
Anos	1977-1982	1983-1986	1986-1990	1990-1992	1994-1996
Cargo	Sargento, tenente	Superintendente	Superintendente	Chefe da polícia	Diretor
Cenário	Assaltos, tráfico de drogas, prostituição, embriaguez e grafite eram endêmicos na área. A população de Boston evitava assistir jogos de beisebol e outros eventos e também fazer compras nos arredores de Fenway, pois tinha medo de ser assaltada, atacada ou ter o carro roubado.	A criminalidade no metrô aumentou nos últimos cinco anos. A imprensa chamava o metrô de Boston de "Trem do Terror". O *Boston Globe* publicou uma reportagem sobre a incompetência da polícia na MBTA.	Os Mets não adotavam equipamentos modernos, procedimentos e disciplina. As instalações físicas eram precárias. Responsabilidade, disciplina e moral estavam em baixa na força de trabalho dos Mets, composta por 600 pessoas.	Houve um aumento anual de 25% na criminalidade nos últimos três anos – o dobro do índice geral da cidade. Houve uma drástica redução na utilização do metrô pela população; as pesquisas indicaram que os nova-iorquinos apontaram o metrô como o local mais perigoso da cidade. O metrô deixou de transportar 170 mil pessoas por dia, o que gerou uma perda anual de $80 milhões para a cidade.	A classe média estava fugindo para os subúrbios em busca de melhor qualidade de vida. Havia uma desesperança por parte da população devido à alta taxa de criminalidade. O crime era visto como parte de uma ruptura de normas sociais. O orçamento para policiamento foi reduzido. Houve um corte de 35% no orçamento do NYPD (além do corte de pessoal).

Resultados	A criminalidade diminuiu muito em toda a área da Fenway. Turistas, residentes e investimentos retornaram pois uma área inteira da cidade foi recuperada.	A criminalidade no MBTA diminuiu em 27%; 1 600 prisões a mais por ano (antes eram 600). A polícia de MBTA encontrou mais de 800 padrões de excelência a serem credenciados pela Comissão Nacional de Credenciamento para Agências de Polícia. Este foi apenas o 13º departamento policial do país a atender este padrão. Equipamentos adquiridos durante sua gestão: 55 novos carros de médio porte, novos uniformes e novos logotipos. Mais pessoas passaram a utilizar o sistema de transporte público.	O moral dos empregados aumentou pois Bratton incutiu neles as noções de responsabilidade, protocolo e orgulho. Em três anos, a Polícia Metropolitana deixou de ser uma organização desanimada, ausente, reativa, com baixa auto-imagem e imagem pública pior ainda, e se tornou um departamento com muito orgulho e proativo. Equipamentos adquiridos durante sua gestão: 199 novos automóveis, um helicóptero e um sistema de rádio de última geração.	Mendigagem agressiva e vandalismo eram endêmicos. Mais de cinco mil pessoas utilizavam o sistema do metrô como moradia. Em dois anos, Bratton reduziu a taxa de delitos graves em 22%, e o número de roubos em 40%. A maior confiança nos serviços oferecidos pelo metrô levou a população a utilizar mais esse meio de transporte. Os calotes foram reduzidos pela metade. Equipamentos adquiridos durante sua gestão: um sistema de comunicação de última geração, armas portáteis mais avançadas para policiais e novos carros de patrulha (o número de viaturas dobrou).	O staff ficou desmoralizado e os salários, um pouco abaixo do padrão. O número de crimes em geral caiu 17%. O número de delitos graves caiu 39%. O número de assassinatos caiu 50%. O número de roubos caiu 35% (1/3 em relação a furtos e 1/4 em relação a assaltos a residência). Em relação a 1990, houve 200 mil vítimas a menos. No final da gestão de Bratton, o NYPD obteve uma classificação positiva de 73%, superior aos 37% obtidos quatro anos antes.

Com o passar dos anos, através de nossas redes profissionais e pessoais e da riqueza de informações públicas disponíveis no setor policial, comparamos sistematicamente os registros estratégicos, gerenciais e de desempenho das revitalizações de Bratton. Em seguida, entrevistamos os principais participantes, incluindo o próprio Bratton, bem como várias outras pessoas que acompanharam os eventos, por motivos profissionais ou mesmo pessoais.

Nossa pesquisa nos levou a concluir que todas as revitalizações de Bratton são exemplos perfeitos do que chamamos de liderança decisiva. A teoria de pontos decisivos, que tem origem na epidemiologia, é bem conhecida; ela se baseia no insight de que, em qualquer organização, quando as crenças e energias de uma massa crítica de pessoas estão envolvidas, a conversão em uma nova idéia espalha-se como epidemia, levando rapidamente a uma mudança fundamental. A teoria sugere que esse movimento pode ser desencadeado apenas por agentes que fazem apelos inesquecíveis e irrefutáveis de mudança, que concentram seus recursos no que realmente importa, que mobilizam o comprometimento dos principais participantes da empresa e que conseguem silenciar os opositores que fazem maior alarde. Bratton fez tudo isso em todas as revitalizações que promoveu.

A maioria dos gerentes sonha apenas em conseguir dar o mesmo tipo de salto de desempenho de Bratton. Até mesmo Jack Welch precisou de cerca de dez anos e U$S10 milhões de reestruturação e treinamento para transformar a GE na potência que é hoje. Poucos CEOs dispõem do mesmo tempo e capital de Welch, e a maioria deles (até mesmo aqueles que tentam fazer uma mudança relativamente modesta) ficam logo amedrontados com a quantidade de barreiras a serem vencidas. Mas descobrimos que o sonho pode realmente tornar-se realidade. O que torna as revitalizações de Bratton especialmente interessantes aos nossos olhos é que sua abordagem para ultrapassar as barreiras que surgem no caminho do alto desempenho são incrivelmente consistentes. Seus sucessos, então, não são apenas uma questão de personalidade, mas também de método, o que sugere que podem ser copiados. É possível aprender a utilizar a liderança decisiva.

Nas páginas a seguir, veremos a abordagem que permitiu que Bratton vencesse as forças da inércia e alcançasse o ponto decisivo. Mostraremos, primeiro, como Bratton venceu as barreiras cognitivas que impedem que empresas reconheçam a necessidade de uma mudança radical. Depois, descreveremos como ele conseguiu superar as restrições endêmicas do setor público em relação a recursos, algo que acabou transformando em vantagem. Na terceira seção, explicaremos como Bratton superou as barreiras motivacionais que haviam desmotivado e desmoralizado até mesmo os policiais mais obstinados. Finalmente, descreveremos como Bratton conseguiu vencer a resistência potencialmente fatal de adversários opinantes e poderosos. (Para obter um resumo gráfico das idéias expressas neste capítulo, consulte o quadro "Liderança decisiva num relance".)

Supere a barreira cognitiva

Em muitas revitalizações, a batalha mais difícil é simplesmente fazer com que as pessoas concordem com as causas dos problemas atuais e com a necessidade de mudança. A maioria dos CEOs tentam convencer que a mudança é necessária simplesmente apontando os resultados numéricos e insistindo que a empresa precisa ter resultados melhores. Mas mensagens transmitidas através de números raramente colam. Para os gerentes de linha (exatamente as pessoas que o CEO precisa convencer), a necessidade de mudança parece abstrata e remota. Aqueles cujas unidades estão com um bom desempenho acham que a crítica não é direcionada a eles, que o problema é da alta gerência. Gerentes de unidades com baixo desempenho acham que receberam um aviso prévio – e pessoas preocupadas com a segurança do emprego ficam mais propensas a pesquisar o mercado de trabalho, em vez de tentar resolver os problemas da empresa.

Liderança decisiva num relance

Líderes como Bill Bratton utilizam um processo de quatro etapas para gerar uma mudança rápida, drástica e duradoura, com recursos limitados. As barreiras cognitivas e de recursos mostradas aqui representam os obstáculos que organizações enfrentam ao orientar e formular uma estratégia. As barreiras motivacionais e políticas impedem a rápida execução de uma estratégia. A eliminação das quatro barreiras leva à rápida reorientação e execução da estratégia. A superação dessas barreiras, é claro, é um processo contínuo, pois a inovação de hoje logo se torna a norma convencional de amanhã.

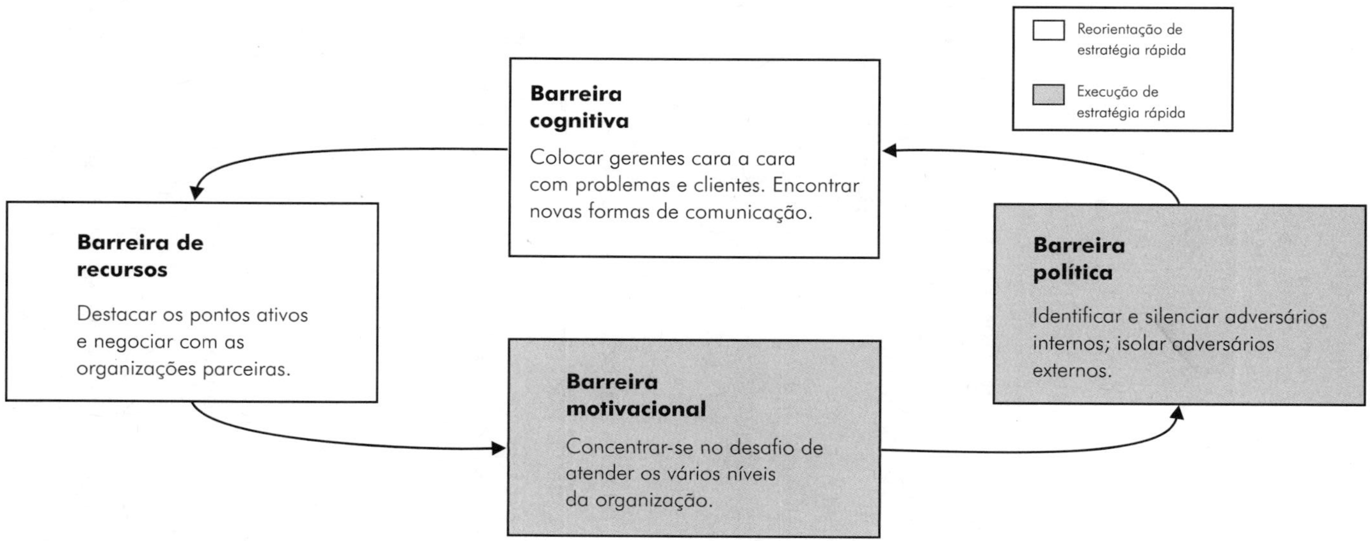

Por todos estes motivos, líderes decisivos como Bratton não se baseiam em números para vencer as barreiras cognitivas da organização. Em vez disso, colocam seus principais gerentes frente a frente com os problemas operacionais para que não fujam da realidade. O mau desempenho se torna algo que eles testemunham e não algo sobre o qual ouviram falar. Quando há esse tipo de comunicação, significa que a mensagem – o desempenho está baixo e precisa ser melhorado – é aceita pelas pessoas, o que é essencial já que precisam ser convencidas não apenas da necessidade de uma revitalização, mas também de que podem alcançá-la.

Quando foi a Nova York pela primeira vez para liderar a polícia de trânsito, em abril de 1990, Bratton descobriu que nenhum integrante do staff sênior utilizava o metrô. Todo dia, eles faziam o mesmo trajeto de ida e volta para o trabalho em carros fornecidos pela cidade. Em seu confortável meio de transporte, os gerentes seniores não sabiam o que se passava na vida subterrânea e ficavam tranqüilizados diante da estatística indicando que apenas 3% dos maiores crimes da cidade eram cometidos no metrô. Assim, eles não se mostravam solidários à preocupação dos usuários do metrô com a segurança. Para acabar com a complacência do staff, Bratton começou a solicitar que todos os oficiais da polícia de trânsito, a começar por ele próprio, fossem de metrô para o trabalho, para reuniões e para sair à noite. Foi a primeira ocasião, em anos, que muitos oficiais do staff compartilharam a experiência de utilizar o metrô como um cidadão comum. Dessa forma, puderam ver a situação que seus subordinados enfrentavam: roletas congestionadas, mendigos agressivos, gangues de jovens pulando roletas e empurrando as pessoas nas plataformas, bêbados e sem-teto largados nos bancos. Ficou claro que, mesmo que houvesse um pequeno número de crimes no metrô, o local exalava medo e desordem. Diante daquela feia realidade, os gerentes seniores da força de trânsito não tinham mais como negar a necessidade de mudança nos seus métodos policiais.

Bratton utiliza uma abordagem semelhante para ajudar a sensibilizar seus superiores para seus problemas. Por exemplo, quando comandava a divisão de polícia da Massachusetts Bay Transit Authority (MBTA), responsável pela ronda dos sistemas de metrô e ônibus da área de Boston, o Conselho de Administração da autoridade de trânsito decidiu adquirir uma pequena frota de carros que era mais barata para comprar e administrar. Em vez de se opor à decisão, Bratton convidou o gerente-geral da MBTA para um passeio de carro pelo bairro. Ele o conduziu em um carro pequeno, semelhante aos que seriam comprados em breve; colocou os assentos mais para a frente para que o gerente pudesse perceber o pouco espaço para acomodar as pernas de 1,80m de um policial, e depois, passou de carro por cima de todos os buracos que encontrou. Bratton também colocou seu cinto, algemas e arma para a viagem; assim, o gerente-geral poderia ver como havia pouco espaço para as ferramentas de trabalho do policial. Após apenas duas horas, o gerente-geral queria sair do carro. Ele disse que não sabia como Bratton conseguia ficar sozinho por tanto tempo em um carro tão apertado, sem falar quando havia um criminoso no assento traseiro. Bratton conseguiu obter os carros maiores que desejava.

Bratton reforça experiências diretas ao insistir que seus policiais precisam conhecer as comunidades que estão sob sua proteção. O feedback costuma ser revelador. No final da década de 1970, o Distrito Policial 4 de Boston, que incluía o Symphony Hall, a Christian Science Mother Church e outras instituições culturais, estava enfrentando uma onda de crimes. A população estava cada vez mais intimidada; residentes estavam vendendo suas casas e indo embora, levando a comunidade a uma espiral descendente. A estatística de desempenho da polícia de Boston, contudo, não refletia esta realidade. A polícia do Distrito 4 parecia estar fazendo um ótimo trabalho para atender rapidamente 911 chamadas e rastrear autores de crimes graves. Para resolver este paradoxo, Bratton pediu à unidade para organizar reuniões com a comunidade em escolas e centros cívicos. Dessa forma, os cidadãos poderiam falar sobre suas preocupações com sargentos e detetives do distrito. Por mais lógica que possa parecer essa prática, era a primeira vez na história da polícia de Boston que alguém tentava uma iniciativa como aquela, especialmente porque a prática até aquele momento defendia o distanciamento entre a polícia e a comunidade, com o objetivo de diminuir as chances de corrupção policial.

Logo começaram a aparecer as limitações dessa prática. Os policiais faziam uma apresentação pública no início das reuniões: este é o nosso trabalho e estes são os motivos de agirmos assim. Mas, depois, quando os cidadãos foram convidados para discutir os problemas que os preocupavam, surgiu uma grande variação de percepções. Enquanto os policiais tinham orgulho em resolver crimes graves como grandes furtos e assassinato, poucos cidadãos se sentiam ameaçados por esses crimes. Eles estavam mais preocupados com pequenas coisas que os irritavam constantemente: prostitutas, mendigos, carros enguiçados que eram largados nas ruas, bêbados na sarjeta, sujeira nas calçadas. As reuniões na cidade rapidamente levaram a uma completa renovação das prioridades da polícia no Distrito 4. Bratton passou a utilizar reuniões de comunidade como esta em todas as revitalizações.

A estratégia de comunicação interna de Bratton também tem um papel importante na ruptura de barreiras cognitivas. Tradicionalmente, a comunicação interna da polícia baseia-se muito em memorandos, boletins do staff e outros documentos. Bratton sabe que poucos policiais têm tempo ou disposição para fazer algo mais do que simplesmente jogar esses documentos na lixeira. Policiais ficam por dentro do que está acontecendo na sede através de boatos e da imprensa. Então, Bratton costuma pedir ajuda a pessoas de fora que são especialistas em comunicação. Em Nova York, por exemplo, recrutou John Miller, um repórter investigativo de televisão, conhecido por seu estilo ousado e inovador, como o czar da comunicação. Miller ajudou Bratton a se comunicar através de mensagens de vídeo que eram transmitidas em apresentações, cujo efeito foi aproximar Bratton (e suas opiniões) das pessoas que ele precisava conquistar. Ao mesmo tempo, a perspicácia jornalística de Miller permitiu que a NYPD se certificasse de que as entrevistas e histórias publicadas pela imprensa reproduzissem as mensagens internas fortes que Bratton estava enviando.

Como escapar da barreira de recursos

Quando as pessoas de uma organização aceitam a necessidade de mudança e concordam relativamente com o que precisa ser feito, líderes costumam se deparar com a realidade da limitação de recursos. Eles têm capital suficiente para fazer as mudanças necessárias? A maioria dos CEOs reformistas adotam um dos procedimentos a seguir. Eles tolhem suas ambições, reduzindo a empresa à mediocridade, na melhor das hipóteses, e desmoralizam a força de trabalho por todos os lados novamente, ou lutam por mais recursos junto a banqueiros e acionistas, um processo que pode demorar e desviar a atenção de problemas subjacentes.

É possível evitar esta armadilha. Líderes como Bratton sabem como alcançar o ponto decisivo da organização sem utilizar recursos adicionais. Eles podem conseguir muita coisa com os recursos que possuem. Eles concentram seus recursos nos locais com maior necessidade de mudança e com os maiores benefícios em potencial. Na verdade, esta idéia está na base da famosa (e amplamente discutida) filosofia de Bratton da política da tolerância zero.

Após conquistar as pessoas em relação à idéia de mudança, Bratton precisa convencê-las a analisar friamente o que exatamente está errado com suas práticas operacionais. É neste ponto que ele começa a analisar os números, que adora utilizar para forçar mudanças importantes. Pense no caso da unidade de narcóticos de Nova York. Os antecessores de Bratton a tratavam como secundária em importância, em parte porque acreditavam que a maior prioridade era responder às chamadas 911. Como resultado, menos de 5% do potencial humano era dedicado ao combate de crimes de narcóticos.

Na reunião inicial com os chefes da NYPD, o comandante adjunto especializado em estratégia de crime de Bratton, Jack Maple, pediu às pessoas ao redor da mesa para darem uma estimativa do percentual de crimes que poderiam ser atribuídos ao uso de narcóticos. A maioria apontou 50%; outros, 70%; a estimativa mais baixa foi de 30%. Maple disse que uma unidade de narcóticos consistindo em menos de 5% da força policial estava com poucos empregados. Além disso, parece que o pelotão dos narcóticos trabalhava muito de segunda a sexta, embora as drogas fossem vendidas em grandes quantidades (e houvesse muitos crimes relacionados às drogas) nos fins de semana. Por que a programação em dias de semana? Pois isso sempre foi feito desta forma; este era um modo de operação inquestionável. Após a apresentação destes fatos, o pedido de Bratton de uma grande realocação de staff e recursos dentro da NYPD foi rapidamente aceito.

Um exame cuidadoso dos fatos também pode revelar onde mudanças em políticas-chave podem reduzir a necessidade de recursos, conforme Bratton demonstrou durante sua gestão como chefe da polícia de trânsito de Nova York. Seus antecessores fizeram um grande lobby para arrecadar dinheiro para aumentar o número de policiais no metrô, alegando que a única forma de deter assaltantes era colocar policiais fazendo ronda em todas as linhas de metrô e patrulhar cada uma das 700 saídas e entradas do sistema. Mas Bratton acreditava que a questão da criminalidade no metrô poderia ser resolvida sem envolver mais recursos no problema, mas utilizando melhor os recursos existentes. Para comprovar isso, pediu a membros do seu staff para analisarem onde os crimes no metrô estavam sendo cometidos. Eles descobriram que a grande maioria ocorreu em apenas algumas estações, e em duas linhas, o que sugeria que uma estratégia-alvo funcionaria bem. Ao mesmo tempo, a força de trabalho nos pontos ativos deixou de utilizar uniformes para vestir roupa comum. Os criminosos logo perceberam que a ausência de uniformes não significava necessariamente a ausência de policiais.

A distribuição de policiais não era o único problema. A análise de Bratton revelou que uma quantidade enorme de tempo policial era desperdiçada no processamento de prisões. Um policial levava até 16 horas por prisão para fichar o suspeito e preencher papéis sobre o incidente. Além disso, os policiais detestavam tanto o processo burocrático que evitavam efetuar prisões em casos menos graves. Bratton percebeu que poderia aumentar drasticamente seus recursos de policiamento disponíveis, sem falar na motivação dos policiais, se conseguisse de alguma forma improvisar em relação a este problema. Sua solução foi criar um estacionamento com "ônibus apreendidos" – ônibus antigos convertidos em centros de processamento de prisões – na esquina das estações-alvo de metrô. O tempo de processamento foi cortado de 16 horas para apenas 1. Inovações como essa permitiram que Bratton reduzisse drasticamente a criminalidade no metrô, mesmo sem aumentar o número de policiais em serviço. (O quadro "A tela de estratégia do trânsito: como Bratton refocalizou recursos" ilustra como ele refocalizou bem os recursos da polícia de trânsito.)

A atração de Bratton por soluções de policiamento orientadas a dados levou à criação do famoso banco de dados de crimes Compstat. O banco de dados, usado para identificar pontos ativos para intervenção intensa da polícia, coleta a atividade semanal de crimes e prisões (incluindo horários, locais e atividades de cumprimento da lei) em níveis distrital, municipal e estadual. Os relatórios da Compstat permitiram que Bratton e o departamento inteiro da polícia pudessem facilmente diferenciar pontos ativos estabelecidos e emergentes para focalizar e refocalizar recursos de maneira eficaz.

A tela de estratégia do trânsito: como Bratton refocalizou recursos

Ao comparar estratégias em empresas, gostamos de utilizar uma ferramenta que chamamos de tela de estratégia, que destaca as diferenças em estratégias e alocação de recursos. A tela de estratégia mostrada aqui compara a estratégia e a alocação de recursos da New York Transit Police, antes e depois da nomeação de Bill Bratton como chefe. O eixo vertical mostra o nível relativo de alocação de recursos. O eixo horizontal, os diversos elementos da estratégia no qual são feitos os investimentos. Embora tenha ocorrido uma mudança drástica na alocação de recursos e o desempenho tenha caído muito, o investimento geral de recursos permaneceu relativamente constante. Bratton conseguiu isso deixando de destacar ou praticamente eliminando alguns recursos tradicionais do trabalho da polícia de trânsito e, ao mesmo tempo, destacando outros ou criando novos recursos. Por exemplo, ele conseguiu reduzir o tempo que policiais levavam para processar suspeitos, apresentando centros de processamento móveis conhecidos como "ônibus apreendidos".

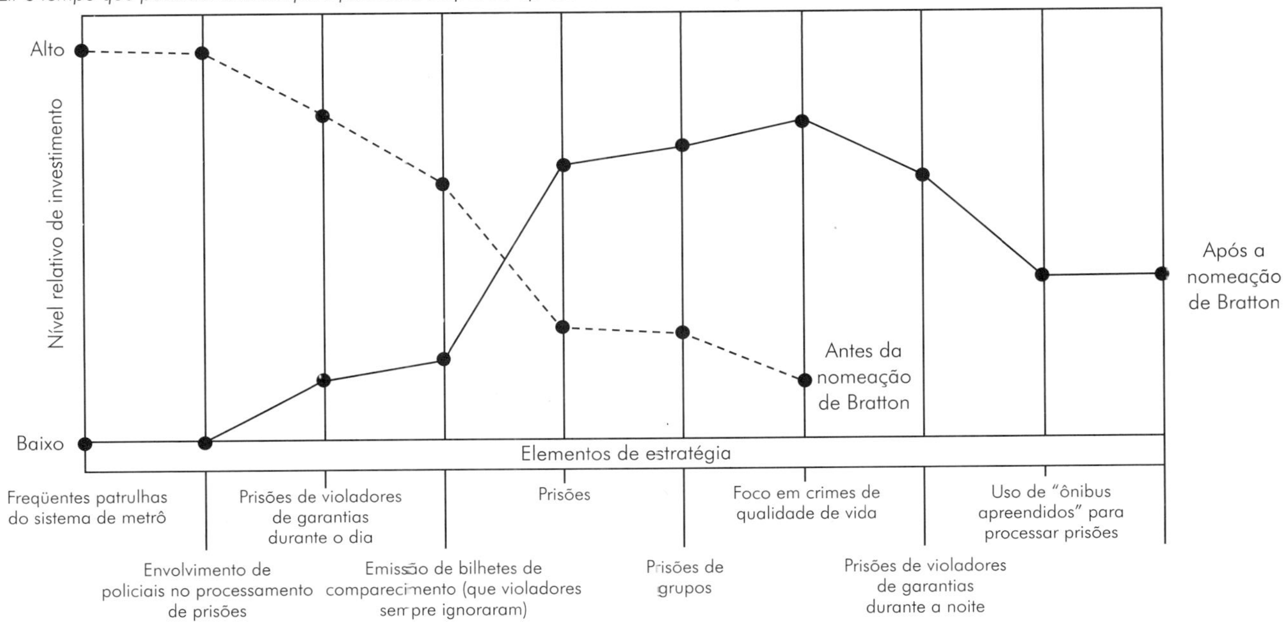

Além de refocalizar os recursos já controlados, Bratton se mostrou competente na troca de recursos desnecessários por recursos necessários. Os chefes de empresas do setor público ficam hesitantes em divulgar excesso de recursos, sem falar em emprestá-los para outras agências, pois recursos reconhecidamente excessivos tendem a ser realocados. Então, com o tempo, algumas organizações acabam bem dotadas de recursos dispensáveis, mesmo quando há escassez de outros recursos. Quando Bratton assumiu o cargo de chefe da polícia de trânsito, por exemplo, seu conselheiro-geral e consultor da polícia, Dean Esserman, hoje chefe de Providence, em Rhode Island, descobriu que a unidade de trânsito tinha mais carros não marcados do que precisava, mas tinha pouco espaço de escritório. A Divisão de Liberdade Condicional de Nova York, por outro lado, tinha poucos carros mas excesso de espaço de escritório. Esserman e Bratton ofereceram a troca óbvia. Ela foi aceita pela divisão de liberdade condicional de bom grado, e policiais de trânsito ficaram encantados em obter o primeiro piso de um prédio nobre no centro da cidade. O negócio alimentou a credibilidade de Bratton na organização, o que tornaria mais fácil apresentar mudanças mais fundamentais futuramente. E isso o marcou, perante seus chefes políticos, como um homem que conseguia resolver problemas.

Ignore a barreira motivacional

Alertar os empregados sobre a necessidade de mudança e identificar como ela pode ser alcançada com recursos limitados são procedimentos necessários para alcançar o ponto decisivo de uma organização. Mas se uma nova estratégia está prestes a tornar-se um movimento, empregados devem não apenas reconhecer o que precisa ser feito, mas também querer fazê-lo. Muitos CEOs reconhecem a importância de motivar as pessoas a fazer mudanças, mas cometem o erro de tentar reformar incentivos na organização inteira. Este processo leva muito tempo para ser implementado e pode ser muito caro, já que há uma grande variedade de necessidades motivacionais em qualquer empresa de grande porte.

Uma das formas que Bratton encontrou para resolver o problema da motivação é a escolha dos principais influenciadores – pessoas dentro ou fora da organização que têm enorme poder, devido às suas conexões com a organização, sua capacidade de persuadir ou sua capacidade de bloquear o acesso a recursos. Bratton reconhece que esses influenciadores agem como pivôs no boliche: quando você os acerta, todos os demais pinos caem por cima. Quando você motiva os influenciadores-chave, a organização não precisa motivar todo mundo. E, mesmo assim, no final, todos ficam envolvidos e modificados. E, como a maioria das organizações tem um número relativamente pequeno de influenciadores-chave, e essas pessoas tendem a compartilhar problemas e preocupações em comum, é relativamente fácil para CEOs identificá-los e motivá-los.

A abordagem de Bratton para motivar seus influenciadores-chave é colocá-los em evidência. Talvez sua reforma mais significativa das práticas operacionais da NYPD tenha sido a instituição de uma reunião de revisão de estratégia quase semanal, que aproximou a cúpula dos 76 comandantes distritais da cidade. Bratton identificou os comandantes como as pessoas de maior influência na NYPD, pois cada uma gerenciava diretamente 200 a 400 policiais. A freqüência era obrigatória para todo o staff sênior, incluindo "chefes três estrelas", comandantes adjuntos e chefes municipais. Bratton estava quase sempre presente.

Nas reuniões, que ocorriam em um auditório no centro de comando da polícia, um comandante distrital selecionado era chamado diante de um júri do staff sênior (o policial selecionado só recebia um aviso prévio com dois dias de antecedência, solicitando que mantivesse todos os comandantes em alerta). O comandante em foco era questionado pelo júri e por outros comandantes sobre o desempenho do distrito. Ele ou ela era responsável pela explicação de mapas e gráficos projetados que, com base nos dados de Compstat, mostravam os padrões de crimes do distrito, e quando e onde a polícia agia. O comandante era solicitado a oferecer explicações detalhadas caso a atividade policial não espelhasse as ondas de crimes e também seria indagado sobre como policiais estavam lidando com os problemas do distrito e com a razão pela qual o desempenho estava melhorando ou piorando. As reuniões permitiam a Bratton e ao seu staff sênior monitorar e avaliar cuidadosamente se os comandantes estavam conseguindo motivar e gerenciar seu pessoal, e também se estavam focando pontos ativos estratégicos.

As reuniões mudaram a cultura da NYPD sob diversos aspectos. Ao esclarecer resultados e responsabilidades para todos, as reuniões ajudaram a apresentar uma cultura de desempenho. Na verdade, uma foto do comandante prestes a ser submetido a interrogatório apareceu na primeira página do comunicado entregue a cada participante da reunião, destacando que ele era responsável pelos resultados do distrito. Um comandante incompetente não podia mais encobrir suas falhas atribuindo os resultados do seu distrito às deficiências dos distritos vizinhos, pois seus vizinhos estavam na sala e poderiam reagir. Da mesma forma, as reuniões deram aos grandes realizadores uma chance de serem reconhecidos por fazerem aperfeiçoamentos nos próprios distritos e por ajudarem outros comandantes. As reuniões também permitiram que líderes da polícia comparassem anotações sobre suas experiências; antes da chegada de Bratton, comandantes do distrito quase nunca se reuniam como um grupo. Com o tempo, este estilo de gerenciamento foi por água abaixo, pois os comandantes de distrito criaram suas próprias versões das reuniões de Bratton. Com as atenções voltadas para seu desempenho, os comandantes estavam altamente motivados a levar os policiais sob seu controle a adotar a nova estratégia.

Os grandes desafios na aplicação deste tipo de recurso de motivação são claros: garantir que as pessoas sintam que ele se baseia em processos justos e que podem tirar lições de resultados positivos e negativos. Isso aumenta a força coletiva da organização e a chance de todos vencerem. Para tratar da questão do processo justo, Bratton envolve todos os principais influenciadores nos procedimentos, define expectativas claras de desempenho e explica, por exemplo, por que essas reuniões sobre estratégia são essenciais para a rápida execução da política. Para tratar da questão da aprendizagem, ele insiste que a equipe da alta gerência deve ter uma função ativa em reuniões e ele mesmo age como moderador ativo. Comandantes distritais podem conversar sobre suas conquistas ou falhas sem achar que estão querendo se exibir ou aparecer. Comandantes bem-sucedidos não são vistos como pessoas que se gabam, pois fica claro para todos que eles são solicitados pela equipe da alta gerência a mostrar, em detalhes, como eles alcançaram sucesso. E, para comandantes no lado beneficiário, o incômodo de precisar aprender uma lição com um colega é atenuado pois, pelo menos, eles não precisam sofrer a indignidade de solicitar isso. A popularidade de Bratton disparou quando ele criou um vídeo humorístico satirizando o interrogatório de comandantes distritais; ele mostrou aos policiais que compreendia o quanto exigia deles.

Bratton também utiliza outra alavanca motivacional: estruturação do próprio desafio de reforma. A estruturação do desafio é uma das tarefas mais sutis e delicadas do líder decisivo; a menos que as pessoas acreditem que resultados são atingíveis, uma revitalização tem poucas chances de ser bem-sucedida. Diante disso, a meta de Bratton em Nova York era tão ambiciosa que era difícil alguém acreditar nela. Quem imaginaria que a cidade poderia se transformar em uma das mais seguras do país? E quem investiria tempo e energia na busca de um sonho tão impossível?

Para fazer o desafio parecer gerenciável, Bratton estruturou-o como uma série de metas específicas com as quais policiais de diferentes níveis poderiam se identificar. Segundo ele, o desafio enfrentado pela NYPD era o de tornar as ruas de Nova

York seguras "em cada quarteirão, em cada distrito e em cada município". Assim estruturada, a tarefa era abrangente e factível. Para os policiais nas ruas, o desafio estava trazendo segurança para suas áreas ou quarteirões, nada mais. Para os comandantes, o desafio estava trazendo segurança aos seus distritos, nada mais. Chefes municipais também tinham uma meta concreta dentro de suas capacidades: tornar seus municípios seguros, e nada mais. Independente de suas posições, os oficiais não podiam dizer que estavam exigindo demais deles. Eles também não podiam alegar que essa meta estava além do seu alcance. Dessa forma, a responsabilidade pela revitalização passou de Bratton para cada um dos diversos policiais da força de trabalho.

Acabe com a barreira política

A política organizacional é uma realidade inevitável na vida pública e corporativa, uma lição que Bratton aprendeu da forma mais difícil. Em 1980, aos 34 anos de idade, era um dos tenentes mais jovens do Departamento de Polícia de Boston. Ele havia fixado com orgulho uma placa no seu escritório que dizia: "a jovialidade e o talento sempre superarão a idade e a deslealdade". Em poucos meses, após ser colocado em uma posição que mais parecia um beco sem saída, devido a uma mistura de política da empresa e sua própria impetuosidade, Bratton tirou a placa da parede. Ele nunca mais se esqueceu da importância de compreender a trama, a intriga e a política envolvidas na tentativa de forçar uma mudança. Mesmo quando uma organização atinge o ponto decisivo, os poderosos interesses garantidos resistem às reformas iminentes. Quanto mais provável se tornar a mudança, mais agressiva e expressivamente esses influenciadores negativos (internos e externos) lutarão para proteger suas posições. E sua resistência pode causar sérios danos, e inclusive minar, o processo de reforma.

Bratton prevê estes perigos. Ele identifica e silencia opositores poderosos desde o começo. Para fazer isso, sempre verifica se possui um membro sênior respeitado na alta gerência. Na NYPD, por exemplo, Bratton nomeou John Timoney, hoje comissário policial de Miami, como seu número dois. Timoney era policial de um policial, respeitado e temido por sua dedicação à NYPD e por mais de 60 condecorações recebidas. Vinte anos de experiência o ensinaram a identificar todos os principais jogadores e como eles jogavam o jogo político. Uma das primeiras tarefas realizadas por Timoney foi relatar a Bratton as atitudes prováveis da alta gerência em relação ao conceito de política da tolerância zero de Bratton, identificando aqueles que poderiam combater ou sabotar silenciosamente as novas iniciativas. Isso levou a uma mudança drástica na guarda.

É claro que nem todos os opositores deveriam enfrentar a sanção máxima – não haveria homens suficientes para proteger as barricadas. Em muitos casos, portanto, Bratton cala a oposição pelo exemplo e pelo fato inegável. Por exemplo, quando solicitados pela primeira vez a compilar mapas de crimes detalhados e pacotes de informações para as reuniões de revisão de estratégias, a maioria dos comandantes distritais reclamava que a tarefa seria demorada e que desperdiçaria um tempo precioso que poderia ser mais bem empregado no combate ao crime. Antecipando esta discussão, o comandante adjunto Jack Maple definiu um sistema de relatório que cobria as áreas da cidade mais acometidas por crimes. Para operar o sistema, bastavam 18 minutos por dia, o que funcionava, conforme ele disse aos comandantes distritais, para menos de 1% da média de carga de trabalho do distrito. Quem vai contradizer isso?

Em geral, as maiores oposições à reforma vêm de fora. No setor público, assim como nos negócios, uma mudança de estratégia organizacional exerce um impacto sobre outras organizações, sejam elas parceiras ou concorrentes. A mudança costuma enfrentar a resistência desses jogadores quando eles estão satisfeitos com o *status quo* e quando são poderosos o suficiente para protestar contra as mudanças. A estratégia de Bratton para lidar com esses opositores é isolá-los, criando uma ampla coalizão com as outras forças independentes em seu território. Em Nova York, por exemplo, uma das ameaças mais graves às suas reformas surgiu nos tribunais da cidade, que temiam que a política da tolerância zero resultasse em vários casos de crimes menores, o que ocasionaria um caos na programação dos tribunais.

Para vencer a oposição dos tribunais, Bratton solicitou o apoio de ninguém menos do que o prefeito Rudolph Giuliani, que tinha grande influência sobre os advogados distritais, os tribunais e a prisão da cidade, em Rikers Island. A equipe de Bratton demonstrou ao prefeito que o sistema judiciário tinha a capacidade de lidar com crimes menores de "qualidade de vida", apesar de saber que provavelmente isso não era do seu agrado.

O prefeito decidiu intervir. Apesar de concordar com os tribunais que uma campanha de repressão causaria um surto momentâneo no trabalho dos mesmos, também deixou claro que ele e a NYPD acreditavam que isso acabaria levando a uma redução na carga de trabalho dos tribunais. Trabalhando juntos dessa forma, Bratton e o prefeito conseguiram direcionar os tribunais no processamento de crimes de qualidade de vida. Ao perceber que o prefeito estava alinhado com Bratton, os tribunais apelaram para os legisladores da cidade, defendendo que a legislação os isentaria de tratar de casos de crimes menores, alegando que tais casos obstruiriam o sistema e implicariam gastos significativos para a cidade. Bratton e o prefeito, que faziam reuniões semanais estratégicas, adicionaram um outro aliado à sua coalizão, divulgando seu caso na imprensa, em especial no *New York Times*. Através de uma série de entrevistas coletivas e artigos, a questão da tolerância zero foi colocada em primeiro plano e passou a ser o centro do debate público com uma mensagem simples e clara: se os tribunais não ajudassem a punir crimes de qualidade de vida, a taxa de criminalidade da cidade não diminuiria. Não era uma questão de economizar dólares, mas de salvar a cidade.

A aliança de Bratton com a prefeitura e com a maior agência publicitária da cidade conseguiu isolar com êxito os tribunais. Estes quase não se opunham publicamente a uma iniciativa que não apenas tornaria Nova York um lugar mais atraente para viver, mas também acabaria reduzindo o número de casos apresentados diante dos tribunais. Como o prefeito falava agressivamente na imprensa sobre a necessidade de focar os crimes de qualidade de vida, e o jornal mais respeitado (e liberal) da cidade dava crédito à polícia, os custos do combate à estratégia de Bratton seriam muito altos. Graças a esta politicagem perspicaz, uma das maiores batalhas de Bratton foi vencida e não foi preciso recorrer à legislação. Os tribunais lidavam com crimes de qualidade de vida. No momento propício, a taxa de criminalidade começou realmente a diminuir.

É CLARO QUE Bill Bratton, como qualquer líder, precisa compartilhar o crédito dos seus sucessos. Revitalizar uma empresa tão grande e tão presa ao *status quo* quanto a NYPD exige esforço coletivo. Mas o ponto decisivo não teria sido alcançado sem ele – ou outro líder como ele. E, apesar de reconhecermos que nem todo executivo tem a personalidade para ser um Bill Bratton, há muitos que têm esse potencial pois conhecem a fórmula do sucesso. É essa fórmula que tentamos apresentar e insistimos com gerentes que desejam revitalizar suas empresas, mas dispõem de pouco tempo e recursos, para que fiquem atentos. Ao atacar as barreiras à mudança decisiva, eles têm a chance de atingir o mesmo tipo de resultados para seus acionistas que Bratton trouxe aos cidadãos de Nova York.

Originalmente publicado em abril de 2003
Reimpressão R0304D

Por que os empregados resistem à mudança?

PAUL STREBEL

Resumo executivo

APESAR DO GRANDE ESFORÇO DOS EXECUTIVOS SENIORES, as grandes iniciativas de mudança costumam fracassar. Pelo menos esses fracassos têm uma raiz em comum: executivos e empregados enxergam a mudança de maneiras diferentes. Para gerentes seniores, mudança significa oportunidade, tanto para os negócios quanto para si mesmos. Mas, para muitos empregados, a mudança é vista como confusa e intrusiva.

Segundo Paul Strebel, para acabar com esta diferença de visão, os gerentes precisam reconsiderar os "acordos pessoais" de seus empregados – as obrigações e os comprometimentos mútuos existentes entre os empregados e a empresa. Acordos pessoais em todas as empresas possuem três dimensões: formal, psicológica e social. Empregados determinam suas responsabilidades, seu nível de comprometimento com o trabalho e os valores da empresa, fazendo perguntas relativas a essas três dimensões. A maneira como uma empresa responde às perguntas é essencial para uma mudança bem-sucedida.

Dois estudos de caso demonstram a eficácia da revisão de acordos pessoais. No primeiro caso, Strebel descreve como o CEO da Philips Electronics, Jan Timmer, conseguiu salvar a empresa que estava à beira de um processo de recuperação judicial, substituindo uma cultura de aversão ao risco por uma cultura na qual os empregados estivessem totalmente comprometidos com as metas da empresa.

No segundo caso, o autor examina como Haruo Naito, o CEO da Eisai, uma empresa farmacêutica japonesa, antecipou crises em potencial e criou o contexto para a mudança de longo prazo. Os empregados da Eisai conduziram a revisão dos próprios acordos pessoais; como resultado, a empresa conseguiu fazer uma grande mudança estratégica. A mensagem é clara. Independente de estar diante de uma crise imediata, ou de estar buscando uma nova visão de longo prazo, líderes podem vencer a resistência de seus empregados à mudança, redefinindo acordos pessoais.

O GERENCIAMENTO DA MUDANÇA NÃO ESTÁ funcionando como deveria. Em uma estatística surpreendente, líderes profissionais de reengenharia corporativa radical relatam que os índices de sucesso em mil empresas da *Fortune* estão bem abaixo de 50%; alguns dizem que esses índices chegam a 20%. O cenário é bem familiar. Os líderes da empresa conversam sobre gerenciamento da qualidade total, downsizing ou valor do cliente. Alguns gerentes apresentam planos para aperfeiçoamentos de processos em atendimento ao cliente, manufatura e gerenciamento da cadeia de fornecimento, e para que novas organizações se adequassem aos novos processos. A gerência espera entusiasmo, aceitação e comprometimento por parte dos subordinados. Mas ela recebe um pouco menos. A comunicação é interrompida, os planos de implementação não correspondem às expectativas e os resultados falham. Isso ocorre com tanta freqüência que precisamos investigar o motivo e a maneira de evitar tais falhas.

No programa de mudança da IMD, em que executivos lidam com problemas reais de mudança de suas próprias empresas, trabalhei com mais de 200 gerentes de 32 países, todos se esforçando para responder aos choques de mercados e à tecnologia em rápida evolução. Embora as circunstâncias específicas de cada empresa sejam responsáveis por alguns dos problemas, as extensas dificuldades têm pelo menos uma raiz em comum: gerentes e empregados encaram a mudança de formas diferentes. Os dois grupos sabem que visão e liderança levam à mudança bem-sucedida, mas bem poucos líderes reconhecem como indivíduos se comprometem com a mudança para revelá-la. A alta gerência vê a mudança como uma oportunidade de fortalecer os negócios, alinhando operações com estratégia, a fim de assumir novos desafios profissionais e riscos, e para progredir na carreira. Para muitos empregados, contudo, inclusive gerentes intermediários, a mudança não é algo buscado, nem bem-vindo. Ela é confusa e intrusiva. Ela abala o equilíbrio.

Gerentes seniores costumam julgar errado o efeito desta lacuna em seus relacionamentos com subordinados e no esforço necessário para ganhar a aceitação da mudança. Para fazer uma aproximação, gerentes de todos os níveis precisam aprender a ver as coisas de forma diferente. Eles precisam se colocar no lugar dos empregados para compreender a mudança sob esta perspectiva e para examinar os termos dos "acordos pessoais" entre os empregados e a empresa.

O que é um acordo pessoal?

Empregados e organizações têm obrigações recíprocas e comprometimentos mútuos, explícitos e implícitos, os quais definem seu relacionamento. Chamo isso de acordos pessoais. Iniciativas de mudança corporativa, sejam elas proativas ou reativas, alteram seus termos. A menos que gerentes definam novos termos e convençam empregados a aceitá-los, é irrealista para gerentes esperar que empregados aceitem totalmente mudanças que alteram o *status quo*. Conforme os resultados costumam comprovar, empregados desafeiçoados abalarão a credibilidade e os planos bem projetados de seus gerentes. Entretanto, observei iniciativas nas quais acordos pessoais foram revistos com êxito para apoiar uma grande mudança – embora o processo de revisão não tenha sido necessariamente explícito, nem deliberado. Além disso, identifiquei três grandes dimensões compartilhadas por acordos em todas as empresas. Essas dimensões em comum são: *formal*, *psicológica* e *social*.

A dimensão *formal* de um acordo pessoal é o aspecto mais familiar do relacionamento entre empregados e empregadores. Para um empregado, ela capta as tarefas básicas e exigências de desempenho para um trabalho, conforme definido por documentos da empresa, tais como descrições do cargo, contratos de emprego e acordos de desempenho. Planos de negócios ou de orçamento apresentam expectativas de desempenho financeiro. Em resposta ao comprometimento com desempenho, gerentes transferem a autoridade e os recursos que cada indivíduo precisa para realizar seu trabalho. O que não é explicitamente comprometido por escrito costuma ser acordado oralmente. Do ponto de vista do empregado, o comprometimento pessoal com a organização deriva da compreensão das respostas a esta série de perguntas:

- O que esperam que eu faça pela organização?
- Que tipo de ajuda receberei para realizar o trabalho?
- Como e quando meu desempenho será avaliado, e como será o feedback?
- Quanto receberei e como o pagamento estará relacionado à minha avaliação de desempenho?

As empresas podem diferir em termos de abordagem na resposta a estas perguntas, mas a maioria tem políticas e procedimentos que oferecem a direção e as diretrizes para gerentes e empregados. Porém, um acordo formal claro e preciso não garante a satisfação dos empregados com seus trabalhos ou que eles terão o comprometimento pessoal esperado pelos gerentes. Infelizmente, muitos gerentes desistem ao prever como a mudança afetará os empregados. Na realidade, o desempenho nesta dimensão está muito vinculado às outras duas dimensões.

A dimensão *psicológica* de um acordo pessoal trata de aspectos do relacionamento de emprego que são basicamente implícitos. Ela incorpora os elementos de expectativa mútua e o comprometimento recíproco que despertam de sentimentos como a confiança e a dependência entre empregado e empregador. Apesar de freqüentemente não registrada, a dimensão psicológica fundamenta o comprometimento pessoal de um empregado com objetivos individuais e corporativos. Gerentes esperam que empregados sejam leais e estejam dispostos a fazer o que for necessário para realizar o trabalho, e costumam fazer observações e presunções sobre o tipo de comprometimento apresentado pelos empregados. Mas o comportamento dos empregados reflete a consciência que têm disso. Empregados determinam seu comprometimento com a empresa na dimensão psicológica de seu acordo pessoal, ao perguntarem:

- Terei realmente que me esforçar muito?
- Que tipo de reconhecimento, recompensa financeira ou outra forma de satisfação pessoal terei como resultado dos meus esforços?
- As recompensas valem a pena?

Indivíduos formulam respostas a essas perguntas, em grande parte, avaliando o relacionamento com o chefe. Sua lealdade e seu comprometimento estão intimamente relacionados à sua crença na disposição do gerente em reconhecer um trabalho bem-feito, e não apenas por meio de dinheiro adicional. No contexto de um programa de grande mudança, a sensibilidade de um gerente para esta dimensão de seu relacionamento com os subordinados é crucial para obter o comprometimento com novas metas e novos padrões de desempenho.

Empregados medem a cultura de uma organização pela dimensão social de seus acordos pessoais. Eles notam o que a empresa diz sobre seus valores em sua declaração de missão e observam a interação entre as práticas da empresa e a atitude do gerenciamento em relação a elas. As percepções sobre as principais metas da empresa são testadas quando empregados avaliam o equilíbrio entre objetivos financeiros e não-financeiros, e quando determinam se as práticas de gerenciamento realmente correspondem ao que pregam. Eles convertem essas percepções sobre valores em crenças sobre como a empresa realmente funciona – sobre as regras não verbalizadas que se aplicam a: desenvolvimento da carreira, promoções, tomada de decisões, solução de conflitos, alocação de recursos, compartilhamento de risco e demissões. Na dimensão social, um empregado tenta responder às seguintes perguntas:

- Meus valores são semelhantes aos de outras pessoas da empresa?
- Quais são as regras reais que determinam quem recebe o quê nesta empresa?

O alinhamento entre as declarações de uma empresa e o comportamento gerencial é a chave para criar um contexto que estimule o comprometimento dos empregados na dimensão social. Em geral, a dimensão de um acordo pessoal é a mais abalada em uma iniciativa de mudança, quando surgem conflitos e cessa a comunicação. Além disso, esta é a dimensão na qual a credibilidade do gerenciamento, uma vez perdida, é mais difícil de ser recuperada.

Acordos pessoais não reavaliados bloqueiam a mudança

Observando através das lentes de acordos pessoais não reavaliados, empregados costumam fazer interpretações equivocadas ou, pior que isso, ignorar as implicações da mudança em seus comprometimentos individuais. Na Philips Electronics, com sede na Holanda, a incapacidade de os empregados compreenderem as circunstâncias mutantes quase levou a empresa a entrar em um processo de recuperação judicial.

No início da década de 1980, a Philips tinha uma reputação incomparável em termos de excelência em engenharia e potencial financeiro. Além disso, trabalhar para a Philips dava prestígio. Pioneira no desenvolvimento do audiocassete, do gravador de vídeo e do CD, a empresa recrutou os melhores engenheiros eletricistas na Holanda.

Como várias outras empresas européias de multidomésticos, a Philips tinha uma estrutura de matriz e fortes gerentes do país cuidavam de vendas internacionais e de subsidiárias de marketing como feudos. As divisões de produtos locais eram organizadas separadamente, e a concorrência por recursos entre as diferentes unidades de negócios era forte. O controle central estava condenado, mas o tamanho e a complexidade da sede em Eindhoven aumentavam mesmo assim.

Ao mesmo tempo, a concorrência intensificava-se. Apesar de sua contínua excelência em inovação de engenharia, a Philips tinha problemas para lançar novos produtos no mercado de forma oportuna. As margens de lucro eram menores pois os custos de manufatura estavam altos em comparação aos da Sony e da Panasonic. Além disso, a participação no mercado começou a cair até mesmo na empresa ao norte da Europa, onde a Sony rapidamente conquistou a posição de líder. Na década de 1980, dois CEOs bem-sucedidos, Wisse Kekkers e Cor van der Klugt, tentaram redirecionar a empresa. Cada um a seu tempo procurou enfatizar os problemas a serem corrigidos: o ritmo e a qualidade do desenvolvimento de produtos, a demora para lançar produtos no mercado e os altos custos de manufatura. Os dois homens se comunicaram de forma vigorosa, se reorganizaram e definiram forças-tarefa para a mudança. No relatório anual da Philips de 1989, van der Klugt relatou que havia definido responsabilidades de gerenciamento para dar maior liberdade às divisões de produtos. O objetivo era responder a pressões da concorrência e de mercado. Mesmo assim, os aperfeiçoamentos projetados em termos de custos e participação no mercado não se materializaram rápido o suficiente. No final do mandato de van der Klugt, a Philips estava enfrentando a maior perda operacional na história da empresa.

Por que nenhum daqueles gerentes profissionais experientes conseguia lidar com as mudanças no ambiente competitivo? Eles compreendiam os problemas, articulavam os planos e assumiam as iniciativas associadas à liderança da mudança. Mas os dois falharam na tentativa de redirecionar a empresa a tempo, pois faltava mais apoio dos empregados. Na verdade, acordos pessoais existentes na época acabaram bloqueando a mudança, pois havia pouco alinhamento entre as declarações dos gerentes mais experientes e a prática e a atitude dos gerentes de nível inferior e seus subordinados.

Mas o problema poderia ter sido previsto. Nos prósperos anos da Philips, uma tradição de emprego duradouro fazia parte da cultura da empresa. A segurança no emprego tomou o lugar da lealdade à empresa e a cada gerente. Regras informais e relacionamentos pessoais dominavam sistemas formais em avaliações de desempenho e avanço na carreira. As descrições de funções dos gerentes e a posição na hierarquia impunham limites às suas responsabilidades, e não havia estímulo para operar fora desses limites. Os subordinados não eram incentivados a agir de forma diferente. As pessoas não estavam tentando superar desafios enfrentando a empresa ou mesmo buscando crescimento pessoal. A posição e o poder percebidos na rede da empresa determinavam quem obtinha o quê. E como a senioridade afetava tão diretamente o crescimento na carreira de um empregado e o nível de compensação, trabalhadores não se sentiam estimulados a trabalhar mais do que as pessoas acima deles, nem de superar as expectativas mínimas de seus chefes em termos de desempenho.

Além disso, mesmo quando os custos estavam claramente altos demais e as margens operacionais diminuindo, a Philips não tinha um mecanismo eficaz para responsabilizar os gerentes por não conseguirem atingir as metas financeiras. As variações entre o orçamento e a realidade eram atribuídas aos eventos fora do controle de gerentes de unidade. E, devido às limitações dos sistemas de relatório financeiro e a uma cultura que incentivava a lealdade, e não o desempenho, ninguém conseguia desafiar, com eficácia, esta mentalidade.

Nada disso mudou na gestão de Dekkers ou de van der Klugt. Os gerentes e subordinados não foram forçados a compreender como as mudanças essenciais para revitalizar a empresa exigiriam deles uma visão fundamentalmente diferente de suas obrigações. Dekkers e van der Klugt não conseguiram avançar no processo para alterar as percepções dos empregados e levar a acordos pessoais revisados. Quando Jan Timmer assumiu a Philips, em maio de 1990, a empresa enfrentava uma crise. O lucro operacional líquido no primeiro trimestre de 1990 foi de 6 milhões de florins, comparado aos 223 milhões de florins do ano anterior. Analistas projetaram em 1,2 bilhão de florins a perda operacional líquida do ano. Timmer era membro da divisão de eletrônicos de consumo, na qual havia conseguido acabar com as grandes perdas operacionais. Mas a escala do desafio de Timmer de revitalizar a empresa se deparou com a pressão sobre ele para lidar de forma rápida e eficaz com perdas potencialmente danosas.

Provocando a revisão de acordos

A revisão de acordos pessoais ocorre em três fases. Na primeira, líderes chamam a atenção para a necessidade de mudança e estabelecem o contexto para revisar acordos. Na segunda, iniciam um processo no qual empregados são capazes de rever e aceitar novos termos de acordo. Finalmente, eles se comprometem com novas regras formais e informais. Ao abordarem essas fases de maneira sistemática e criar vínculos explícitos entre comprometimentos de empregados e resultados de mudanças necessárias à empresa, os gerentes aumentam muito a probabilidade de atingir os alvos em demanda. Para tirar a Philips da crise, Jan Timmer precisou conduzir a empresa por estas fases.

TRATAMENTO DE CHOQUE NA PHILIPS

Embora a paisagem competitiva em torno da Philips tenha mudado, a empresa e seus empregados não mudaram. Os acordos pessoais dos empregados favoreciam a manutenção do *status quo*; então, a resistência à mudança estava embutida na cultura. Para fazer a empresa dar a volta por cima, Timmer precisava penetrar na organização, e não apenas liderar a iniciativa, mas também gerenciá-la de perto. Obter a atenção das pessoas era apenas a primeira etapa. Persuadi-las a revisar os termos de seus acordos pessoais era um desafio bem maior.

A abordagem de Timmer era drástica; na realidade, ela era um tratamento de choque. Logo após se tornar CEO, em meados da década de 1990, convidou os 100 maiores gerentes da empresa para um encontro fora dela, no centro de treinamento da Philips, em De Ruwenberg. Lá, foi duro ao explicar a situação da empresa: sua sobrevivência estava ameaçada. Para reforçar a mensagem, entregou um comunicado hipotético à imprensa, dizendo que a Philips havia entrado em processo de recuperação judicial. Cabia ao grupo ali reunido revitalizar a empresa. Todos teriam de colaborar. A operação Centurion havia começado e, com ela, o fim da vida na empresa, como todos sabiam.

Desde o início, Timmer deixou bem claro suas condições para a mudança. Aqueles que não estivessem satisfeitos, tinham total liberdade para deixar a empresa. Na Operação Centurion, Timmer captou a mentalidade desejada e criou o processo que utilizaria para focar a atenção dos gerentes nas novas metas. Estendendo a metáfora, Timmer ofereceu aos seus gerentes novos acordos pessoais, que eram semelhantes às atribuições dadas aos oficiais por seus superiores no Exército romano. Nas sessões Centurion seguintes, as condições desses novos acordos começariam a tomar forma.

Com base em dados de benchmarks sobre melhor produtividade da classe, Timmer solicitou redução de 20% no total do efetivo. Ele também estipulou que recursos para novas iniciativas essenciais precisavam ser internos, apesar dos grandes cortes em despesas na empresa inteira. A reunião foi desmembrada para permitir que gerentes de cada divisão de produtos lidassem melhor com aquilo que lhes era apresentado e pensassem no que responderiam. Antes do término desta sessão inicial com Timmer, cada um dos gerentes de divisões tinha concordado verbalmente com metas para reduções no efetivo e nos custos operacionais. Em discussões subseqüentes, esses planos tornaram-se acordos de orçamento formais entre Timmer e seus gerentes Centurion: cada plano foi assinado pelo gerente presente para significar seu comprometimento pessoal com as condições. O desempenho seria medido em relação às realizações das metas, e vinculado aos bônus individuais e às oportunidades de carreira. Comprometimentos pessoais, contratos vinculantes e padrões de desempenho formariam a base de novos acordos pessoais na Philips.

A reunião de De Ruwenberg tornou-se parte do conhecimento corporativo na Philips. Ela destacou a urgência da situação da empresa e abriu caminho para o processo de acordos-revisões que se seguiu. Nos dias e semanas logo após esse encontro, Timmer se manteve em evidência, pois espalhou a mensagem da Operação Centurion e o significado dos novos acordos pessoais. Constantes revisões de orçamento deram a ele oportunidades de reforçar sua mensagem sobre comprometimentos pessoais com o objetivo de atingir metas atuais. Reuniões contínuas com os 100 melhores gerentes da Philips eram o fórum para discutir planos de longo prazo.

Mas Timmer sabia que não conseguiria atingir suas metas, a menos que gerentes e subordinados da empresa inteira também estivessem comprometidos com a mudança. As preocupações dos empregados com esta iniciativa corporativa precisavam ser levadas a sério. Então, como os objetivos da Operação Centurion ficaram em evidência em níveis seniores, surgiram planos de estender seu alcance. Os gerentes seniores negociaram contratos de Centurion com os diretores de suas unidades de negócios, e o grupo encaminhou a iniciativa para as equipes de grupo de produtos e gerenciamento do país. Nos workshops e programas de treinamento, empregados de todos os níveis conversavam sobre as conseqüências e os objetivos da mudança. Timmer participava de "reuniões da empresa na cidade" para responder a perguntas e conversar sobre o futuro. Sua abordagem levou as pessoas a se sentirem incluídas, e seu estilo direto incentivou-as a apoiá-lo. Logo ficou claro que os empregados estavam prestando atenção e que a empresa estava mudando.

No final de 1991, a força de trabalho havia sido cortada em 22% – 68 mil pessoas. Aqueles que desrespeitaram as condições dos seus contratos saíram da empresa, inclusive o sucessor de Timmer na Divisão de Eletrônicos de Consumo. Até mesmo na alta gerência, a cultura de patronagem, rede social e emprego duradouro em troca da lealdade tornou-se coisa do passado. Quando não encontrava uma pessoa qualificada dentro da empresa, Timmer contratava altos executivos de fora. Como resultado, em meados de 1994, apenas 4 membros da Comissão de Gerenciamento Sênior original permaneceram, e apenas 5 dos 14 eram holandeses. Uma pesquisa realizada na empresa, em 1994, confirmou que os empregados responderam favoravelmente às mudanças e ao novo ambiente: o moral e os sentimentos de empowerment estavam elevados. Após flutuar no início da década de 1990, o desempenho financeiro da Philips teve espantosa recuperação em 1993 e 1994. O lucro operacional passou de 4,3% em vendas, em 1990, para 6,2%, em 1994; o preço das ações passou de 20,30 florins para 51,40 florins.

É claro que nem todos os casos são semelhantes ao da Philips. Não é necessário ocorrer uma crise para revisar acordos pessoais e obter maior comprometimento. O exemplo contrastante da Eisai, uma empresa japonesa de produtos e serviços médicos, mostra até onde a compreensão de acordos pessoais pode levar quando a mudança é proativa.

CRIANDO O CONTEXTO PARA MUDANÇA NA EISAI

Uma empresa familiar de pequeno porte, a Eisai, foi um dos primeiros fabricantes da vitamina E e manteve forte comprometimento com a pesquisa de substâncias farmacêuticas naturais. Com o passar dos anos, ela desenvolveu medicamentos para o tratamento de doenças cardiovasculares, respiratórias e neurológicas. No final da década de 1980, esses medicamentos representavam 60% das vendas da empresa. Nesta época, a empresa viveu um período de crescimento contínuo e modesto. Em 1989, as vendas atingiram um total de 197 bilhões de ienes e os lucros chegaram a 13 bilhões de ienes. Mas havia sinais de problemas em potencial no futuro. A Eisai estava gastando pesados 13% das vendas em P&D, comparado a uma média de 8,5% em outras empresas. Entre 1982 e 1991, apenas 12 das 295 aplicações de patentes da empresa no Japão tinham sido aprovadas pelas autoridades reguladoras. Embora ela fosse a sexta maior empresa farmacêutica japonesa, a Eisai era um jogador relativamente pequeno em uma indústria na qual a concorrência global estava aumentando, enquanto o crescimento no mercado interno estava diminuindo.

Em 1988, Haruo Naito assumiu como CEO e presidente, posições antes ocupadas por seu pai. Antes disso, presidiu a Comissão de Planejamento Estratégico da Eisai por cinco anos. Nesse período, ficou convencido de que o foco da empresa na descoberta e fabricação de substâncias farmacêuticas não era sustentável para o crescimento de longo prazo em meio a concorrentes globais de grande porte. Na ausência de uma crise real ou percebida, contudo, e diante de tradições culturais muito arraigadas, mudar a direção da Eisai exigiria uma liderança fora do comum.

Na tradição de empresas familiares japonesas, a Eisai tinha poucas regras formais de emprego. Entre os quatro mil empregados, o emprego duradouro era a norma; o avanço na carreira e a autoridade eram baseados na senioridade. Grupos tomavam decisões porque o fracasso de uma só pessoa significaria desmoralização. E os empregados não eram incentivados a fugir das funções estabelecidas para assumir atribuições além do escopo e da estrutura da organização existente. Indivíduos eram leais aos seus gerentes e às normas do grupo; então, eles não buscavam reconhecimento pessoal, nem realização. E como outras empresas japonesas operavam de forma semelhante, não havia pressão competitiva externa para ser diferente. Para conseguir uma transformação estratégica, Naito precisava criar um contexto convincente para a mudança e um incentivo para empregados tentarem algo novo, sem desordenar a organização inteira.

Muitos anos após se tornar CEO, Naito formulou uma visão nova e radical para a Eisai, chamada HHC (Human Health Care – Saúde Humana). Ela estendeu o foco da empresa, deixando de fabricar apenas drogas para doenças específicas e passando a melhorar a qualidade geral de vida, especialmente para pessoas mais velhas e doentes. Para cumprir sua missão, a Eisai precisava desenvolver ampla gama de produtos e serviços novos. E isso, por sua vez, exigiria um grande envolvimento e comprometimento dos empregados. Embora não caracterizasse explicitamente os comprometimentos dos empregados da Eisai como acordos pessoais, Naito compreendia perfeitamente que as pessoas teriam de aceitar novas condições e novos padrões de desempenho que ele não podia simplesmente ordenar. Ele precisava incentivar a atividade empreendedora e inovadora, e criar um ambiente em que esses esforços fossem aceitos e recompensados. Na verdade, para sua visão de HHC tornar-se realidade, Naito sabia que os próprios empregados acabariam precisando assumir o comando para criar as condições formais de seus acordos pessoais.

Em 1989, Naito anunciou sua nova visão estratégica e iniciou um programa de treinamento para 103 "gerentes de inovação" que estavam prestes a se tornar os agentes da mudança na empresa. O programa de treinamento consistia em seminários sobre tendências na área de saúde e conceitos de mudança organizacional. Também deu aos empregados uma primeira visão de práticas de tratamento de pacientes. Para fazer isso, deixou os empregados passarem alguns dias nos centros médicos tradicionais e não-tradicionais, onde executaram as atividades reais de uma enfermeira. No final do programa, Naito cobrou dos gerentes de inovação que transformassem o insight de suas experiências em propostas de novos produtos e serviços. Cada proposta foi encaminhada a Naito e à gerência executiva da Eisai para obter o apoio corporativo de nível superior e, tão importante para Naito, para garantir o comprometimento público de cada gerente no cumprimento das metas de seus projetos HHC.

Este programa de treinamento e os esforços subseqüentes de desenvolvimento de produtos da HHC preparam o caminho para a criação de um conjunto bem diferente de acordos pessoais na Eisai. Os gerentes de Inovação operavam fora da estrutura organizacional normal e das fronteiras culturais tradicionais da empresa. Eles projetaram novos produtos e programas, reuniram equipes multidisciplinares para desenvolver suas idéias e levaram novos participantes a abrir mão da própria opção em nome da iniciativa de mudança. Eles se reportavam a Naito, e ele avaliava pessoalmente seu desempenho e a contribuição de projetos individuais para a visão da HHC. Como resultado, os juniores tiveram a chance de romper com o sistema de senioridade e moldar o desenvolvimento da nova estratégia da empresa, bem como as condições de seus próprios acordos pessoais. Na Eisai ou em outras empresas japonesas do setor farmacêutico, esta era a primeira vez que se ouviu falar nestes tipos de oportunidades.

A visibilidade e o apoio do gerenciamento sênior para os primeiros projetos geraram grande entusiasmo para participar do novo movimento na Eisai. As equipes multifuncionais estabeleceram propriedade de empregado da visão da HHC, que rapidamente adquiriu vida própria. Logo havia propostas para 130 projetos HHC adicionais, envolvendo 900 pessoas. No final de 1993, 73 projetos estavam em andamento. Novos serviços oferecidos pela empresa incluíam uma linha telefônica 24 horas para ajudar as pessoas no uso de medicamentos da Eisai. Outro serviço reunia consumidores e profissionais da saúde em conferências para discutir as necessidades na área de saúde. A nova atenção em preferências dos consumidores levou a aperfeiçoamentos na embalagem e na entrega de medicamentos.

Embora os acordos pessoais na Eisai ainda sejam dominados por normas culturais tradicionais, a aptidão de Naito para liderar os empregados em um processo, no qual examinavam e revisavam as antigas condições, permitiu que eles realizassem uma importante mudança estratégica. Os efeitos da nova estratégia são visíveis na mistura de produtos da Eisai. No final de 1993, a empresa passou do sexto ao quinto lugar na indústria farmacêutica interna japonesa. Hoje, clientes e concorrentes da Eisai consideram a empresa uma líder na área de saúde.

Cultura e acordos pessoais

A cultura da empresa e, em muitos casos, o país de origem da mesma são fatores que determinam até que ponto os acordos pessoais são por escrito ou verbais. Em geral, quanto mais homogênea é a cultura, mais implícita tende a ser a dimensão formal de acordos pessoais. O mesmo se dá em dimensões psicológicas e sociais, em ambientes homogêneos, pois empregadores e empregados compartilham perspectivas e expectativas semelhantes. Por exemplo, no Japão e na Europa Continental, os sistemas legais usados para chegar a um acordo baseiam-se em um código civil documentado em estatutos. Esses sistemas são transmitidos aos princípios subjacentes em contratos legais e aos pressupostos que sustentam os relacionamentos empregador-empregado. Na verdade, quando um acordo é explícito demais no Japão, ele é considerado uma afronta e um sinal de que uma das partes não compreende como as coisas funcionam.

Por outro lado, em países como os Estados Unidos, acordos pessoais tendem a ser apoiados por sistemas formais para garantir a objetividade nos padrões de avaliação de desempenho. E há mais estrutura para apoiar relações empregado-empregador, tanto sob a forma de políticas e procedimentos da empresa, quanto no papel desempenhado por departamentos de Recursos Humanos. Da mesma forma, à medida que as empresas se tornam mais multinacionais, a importância de explicitar as condições dos acordos pessoais aumenta, assim como a necessidade de sustentá los formalmente. Em minha experiência, noto que isso é verdade, independente de as empresas estarem implementando a mudança para atender às necessidades de uma força de trabalho culturalmente diversificada, ou para atender a oportunidades e ameaças de mercado.

Independente do contexto cultural, a menos que a revisão de acordos pessoais seja tratada como parte integral do processo de mudança, as empresas não conseguirão atingir suas metas. De alguma forma, os líderes precisam responsabilizar-se pelo processo e tratar de cada dimensão. Jan Timmer e Haruo Naito revisaram os acordos pessoais de seus empregados utilizando diferentes abordagens e por motivos diversos. Mas cada um levou à mudança corporativa bem-sucedida, redefinindo o comprometimento dos empregados com novas metas em termos que todos pudessem compreender e tratar. Sem esta liderança, empregados permanecerão céticos em relação à visão de mudança e desconfiados da gerência. A gerência, por sua vez, ficará frustrada e bloqueada diante da resistência dos empregados.

Originalmente publicado em maio-junho de 1996
Reimpressão 96310

Vencendo uma cultura de indecisão

RAM CHARAN

Resumo executivo

A MAIOR CAUSA do baixo desempenho corporativo é a incapacidade de execução. Ram Charan, com base em 25 anos de observação do comportamento organizacional, percebe que essas incapacidades de execução compartilham uma semelhança familiar: uma falha em atingir os resultados previstos nas interações pessoais, que supostamente produziriam certos resultados.

Segundo Charan, é difícil encontrar interações com falhas que ocorrem isoladamente. Em geral, elas são típicas da forma como grandes e pequenas decisões são, ou não, tomadas dentro da empresa. A incapacidade de adotar uma medida decisiva tem origem na cultura de uma empresa.

Charan observa, porém, que líderes criam uma cultura de indecisão, e são eles que podem eliminá-la. Mas, para fazer isso, são necessárias três ações. Primeiro, precisam gerar honestidade intelectual nas conexões entre pessoas. Segundo, verificar se os "mecanismos operacionais sociais" da empresa (reuniões, revisões e outras situações nas quais as pessoas da empresa fazem negócios) têm diálogos francos na sua essência. E, terceiro, líderes precisam garantir que o feedback e o acompanhamento sejam utilizados para recompensar pessoas com alto desempenho, orientar aqueles que estão lutando, e desestimular aqueles cujos comportamentos estão impedindo o progresso da organização.

Ao empregar estas três abordagens e utilizar cada encontro como oportunidade para modelar um diálogo aberto e franco, um líder pode definir o tom para uma organização, tirando-a da paralisia e levando-a à ação.

Isto parece familiar? Você está participando da revisão de negócios trimestral quando um colega apresenta uma proposta de 5cm de espessura para um grande investimento em um novo produto. Quando ele termina, ouve-se um silêncio na sala. As pessoas olham para a direita, para a esquerda ou para baixo, aguardando que alguém abra o debate. Ninguém quer fazer um comentário, pelo menos não antes de o chefe deixar clara a sua posição.

Finalmente, o CEO quebrou o silêncio. Ele fez algumas perguntas céticas para mostrar que cumpriu com suas obrigações. Mas é claro que já tinha decidido apoiar o projeto. Logo, os outros participantes da reunião também concordaram, em sinal de obediência. A julgar pelos comentários, parece que todos na sala apoiavam o projeto.

Mas as aparências enganam. O chefe de uma divisão relacionada teme que o novo produto extraia recursos de sua operação. O vice-presidente de manufatura acha que as previsões de vendas para o primeiro ano são extremamente otimistas e que resultarão em um armazém repleto de mercadorias não vendidas. Outros na sala se mostram indiferentes, pois não compreendem como devem se posicionar para ganhar com o projeto. Mas mantêm suas ressalvas para si, e a reunião termina sem conclusão. Nos meses seguintes, o projeto é lentamente encaminhado para a morte, após uma série de análises estratégicas, orçamentárias e operacionais. Não fica claro quem é responsável pela morte, mas é certo que todos na sala estavam longe de chegar ao chamado consenso.

Em minha carreira como conselheiro de empresas de grande porte e de seus líderes, fui testemunha de situações, até mesmo nos níveis mais altos, nos quais mentiras silenciosas e falta de encerramento levou a falsas decisões. Elas são "falsas" porque acabam não sendo tomadas devido a fatores indescritíveis e à inação. E, após um quarto de século de observações em primeira mão, concluí que estes exemplos de indecisão têm algo em comum – a falha em atingir um resultado previsto em interações pessoais que supostamente produziriam resultados. As pessoas encarregadas de chegar a uma decisão e agir sobre ela não conseguem se conectar e se envolver umas com as outras. Intimidadas pela dinâmica hierárquica do grupo e constrangidas pela formalidade e falta de confiança, elas falam de maneira inexpressiva e sem convicção. Sem comprometimento emocional, as pessoas que precisam desenvolver o plano não atuam de forma decisiva.

Estas interações equivocadas raramente ocorrem isoladamente. É muito mais comum encontrá-las na forma como grandes ou pequenas decisões são, ou não, tomadas em uma empresa. A incapacidade de atuar de forma decisiva pode ser justificada pela cultura corporativa e, para os empregados, ela parece ser resistente à mudança.

A palavra-chave aqui é "parece", pois, na verdade, líderes criam uma cultura de indecisão, e líderes podem destruí-la. O principal instrumento à disposição deles são as interações humanas, os diálogos pelos quais os pressupostos são, ou não, desafiados, informações são, ou não, compartilhadas, discordâncias são reveladas ou esquecidas. O diálogo é a unidade básica de trabalho em uma organização. A qualidade do diálogo determina como as pessoas se reúnem e processam informações, como elas tomam decisões e como se sentem em relação umas às outras e sobre o resultado dessas decisões. O diálogo pode levar novas idéias a crescer como vantagem competitiva. Ele é o fator mais importante subjacente à produtividade e ao crescimento do trabalhador do conhecimento. Na realidade, o tom e o conteúdo do diálogo moldam os comportamentos e as crenças das pessoas (ou seja, a cultura corporativa) de forma mais rápida e permanente que qualquer sistema de recompensa, mudança estrutural ou declaração de visão que conheci.

Para acabar com uma cultura de indecisão, um líder precisa gerar honestidade intelectual e confiar nas conexões entre pessoas. Ao utilizar cada encontro com seus empregados como oportunidade de modelar um diálogo aberto, franco e decisivo, o líder define o tom para a empresa inteira.

Mas a definição do tom é apenas o primeiro passo. Para transformar uma cultura de indecisão, líderes também precisam perceber que os "mecanismos operacionais sociais" da empresa (ou seja, reuniões do Comitê Executivo, análises de orçamento e estratégia, além de outras situações nas quais as pessoas de uma corporação fazem negócios) apresentam o diálogo franco como base. Esses mecanismos definem o cenário. Intimamente ligados e praticados com consistência, eles estabelecem linhas claras de responsabilidade para tomar decisões e executá-las.

O acompanhamento e o feedback são as etapas finais na criação de uma cultura decisiva. Líderes bem-sucedidos utilizam o acompanhamento e o feedback sincero para recompensar pessoas com desempenho extraordinário, orientar aqueles que estão lutando para melhorar e redirecionar os comportamentos daqueles que estão impedindo o progresso da empresa.

Resumindo, líderes poderão criar uma cultura de comportamento decisivo se começarem a prestar atenção no próprio diálogo, no design cuidadoso de mecanismos operacionais sociais, além de acompanhamento e feedback adequados.

Tudo começa com o diálogo

Estudos de empresas bem-sucedidas costumam focar seus produtos, modelos de negócios ou vantagens operacionais: o sistema operacional Windows, da Microsoft, que conquistou o mundo, a personalização em massa da Dell, a proeza logística da Wal-Mart. Mas os produtos e vantagens operacionais não são os pontos-chave que diferenciam a maioria das empresas bem-sucedidas – todos podem ser alugados ou imitados. O que não pode ser facilmente duplicado são os diálogos decisivos e os mecanismos operacionais potentes, além de seus vínculos ao feedback e ao acompanhamento. Esses fatores constituem a vantagem competitiva mais duradoura de uma empresa, e eles dependem muito do caráter do diálogo que um líder apresenta e, portanto, influencia a empresa inteira.

É mais fácil reconhecer do que definir um diálogo decisivo. Ele incentiva o intelecto e a criatividade, e traz coerência a idéias aparentemente fragmentadas e não relacionadas. Um diálogo decisivo alivia tensões e depois as resolve ao expor todos os pontos de vista relevantes. Como este tipo de diálogo é um processo de investigação intelectual, e não de defesa, uma busca pela verdade, e não uma competição, as pessoas se sentem emocionalmente comprometidas com o resultado. O resultado parece "certo", pois as pessoas ajudaram a moldá-lo. Elas se sentem energizadas e prontas para agir.

Há pouco tempo, observei o poder do diálogo de um líder na moldagem da cultura de uma empresa. O cenário era a sede de uma grande multinacional norte-americana. O chefe de uma de suas maiores unidades de negócios estava fazendo uma apresentação de estratégia a um CEO e a alguns de seus colaboradores diretos. Parecendo confiante, quase pretensioso, o chefe da unidade apresentou sua estratégia para transformar esta divisão número três na Europa em número um. Tratava-se de um plano ambicioso que dependia de ganhos rápidos e dimensionáveis de participação no mercado na Alemanha, onde o principal concorrente da empresa era uma empresa local e quatro vezes maior que sua divisão. O CEO recomendou ao chefe de sua unidade para fazer a apresentação inspiradora e visionária, depois iniciou um diálogo para testar se o plano era realista. Ele se perguntou em voz alta: "Como você obterá estes ganhos? Quais alternativas você considerou? Que clientes você pretende conquistar?"

O gerente da unidade ainda não tinha pensado nisso. O CEO perguntou: "Como você definiu as necessidades dos clientes de forma nova e exclusiva? Quantos vendedores você tem?"

O chefe da unidade respondeu: "Dez."

"Quantos vendedores têm seu principal concorrente?"

A resposta foi tímida: "Duzentos."

O chefe continuou a pressionar: "Quem comanda nossa unidade na Alemanha? Ele não estava em outra divisão há cerca de três meses?"

Se a conversa tivesse sido interrompida neste momento, o CEO teria humilhado e desestimulado o chefe desta unidade, e enviado uma mensagem aos outros para que soubessem dos altos riscos de pensar grande. Mas o CEO não estava interessado em matar a estratégia e desmoralizar a equipe da unidade de negócios. Ao fazer coaching por meio de perguntas, ele desejava injetar certo realismo no diálogo. Ao falar com franqueza, mas não de forma áspera ou rude, ele disse ao gerente da unidade que precisava de mais bravata se quisesse vencer um concorrente alemão formidável em sua terra natal. Em vez de atacar de frente, o CEO sugeriu que ele procurasse os pontos fracos do concorrente e vencesse com base na velocidade da execução. Quais são as lacunas na linha de produtos da concorrência? Você consegue inovar algo que preencha estas lacunas? Que clientes são os compradores mais prováveis de tal produto? Por que não se concentrar neles? Em vez de buscar ganhos de participação no mercado em geral, tente segmentar novamente o mercado. De repente, o que parecia ser um impasse apontou novos insights. No final da reunião, ficou decidido que o gerente repensaria a estratégia e retornaria em 90 dias com uma alternativa mais realista. Um jogador-chave, cuja proposta de estratégia havia sido categoricamente rejeitada, deixou a sala se sentindo energizado, desafiado e mais focado na tarefa disponível.

Pense no que ocorreu aqui. Embora isso possa não ter sido óbvio a princípio, o CEO não estava tentando impor sua autoridade, nem diminuir o executivo. Ele queria garantir que as realidades competitivas não fossem esquecidas e orientar os participantes sobre a perspicácia de negócios e a capacidade organizacional, bem como sobre a arte de fazer as perguntas certas. O CEO estava desafiando a estratégia proposta não por motivos pessoais, mas por questões de negócios.

O diálogo afetava as atitudes e o comportamento das pessoas de forma sutil e não sutil: elas saíam dali sabendo que deveriam buscar oportunidades de forma não-convencional e estar preparadas para responder perguntas difíceis e inevitáveis. Também sabiam que o CEO estava do seu lado. Agora, elas estavam mais convencidas de que o crescimento era possível e que a ação era necessária. E algo mais aconteceu: começaram a adotar o tom do CEO nas reuniões subseqüentes. Quando, por exemplo, o chefe da unidade alemã encontrou seu staff sênior para orientá-los sobre a nova abordagem do mercado alemão, as perguntas que fez ao chefe de vendas e ao chefe de desenvolvimento de produtos foram pontuais, precisas e tinham o objetivo claro de colocar a nova estratégia em ação. Ele observou o estilo de seu chefe de se relacionar com os outros, bem como sua forma de obter, classificar e analisar informações. A unidade inteira se tornou mais determinada e energizada.

O principal executivo não parou por aí. Enviou uma carta de uma página, escrita a mão, ao chefe da unidade, declarando a essência do diálogo e as ações a serem executadas. Em 90 dias, eles se encontraram novamente para discutir a estratégia revisada. (Para obter mais informações sobre como promover diálogos decisivos, consulte "Destruidores de diálogo", no final deste capítulo.)

Como o diálogo se transforma em ação

O cenário em que o diálogo ocorre é tão importante quanto o próprio diálogo. Os mecanismos operacionais sociais de culturas corporativas decisivas apresentam comportamentos marcados por quatro características: abertura, franqueza, informalidade e encerramento. Abertura significa que o resultado não é predeterminado. Há uma busca sincera por alternativas e novas descobertas. Perguntas como "Perdemos algo?" chamaram a atenção das pessoas e sinalizaram a disposição do líder em ouvir todos os lados. Líderes criam uma atmosfera de segurança que permite discussões animadas, aprendizagem em grupo e confiança.

A franqueza é um pouco diferente. Trata-se da vontade de falar o indescritível, expor comprometimentos não respeitados, expor conflitos que abalam o aparente consenso. Franqueza significa que as pessoas expressam suas verdadeiras opiniões, e não o que pensam que os jogadores da equipe devem supostamente dizer. A franqueza ajuda a apagar mentiras silenciosas e vetos indiretos que ocorrem quando as pessoas concordam com coisas nas quais elas não desejam interferir. Ela evita o tipo de retomada de trabalho desnecessário e a retomada de decisões que abalam a produtividade.

A formalidade suprime a franqueza; a informalidade, a incentiva. Quando apresentações e comentários são severos e preparados anteriormente, eles indicam que a reunião foi cuidadosamente preparada e orquestrada. A informalidade tem o efeito contrário. Ela reduz a capacidade de defesa. As pessoas se sentem mais confortáveis fazendo perguntas e reagindo com sinceridade, e a espontaneidade é energizante.

Enquanto a informalidade relaxa o ambiente, o encerramento impõe disciplina. Encerramento significa que, ao final da reunião, as pessoas sabem exatamente o que esperam delas. O encerramento gera a capacidade de decisão, pois designa responsabilidade e prazos a pessoas em um fórum aberto. Ele testa a força interna e os recursos intelectuais de um líder. A falta de encerramento, somada à falta de sanções, é o principal motivo de uma cultura de indecisão.

Um forte mecanismo operacional social costuma incluir estas quatro características. Tal mecanismo conta com a participação das pessoas certas e ocorre com a freqüência certa.

Quando chegou à Electronic Data Systems (EDS), no início de 1999, Dick Brown decidiu criar uma cultura que fazia mais do que respeitar verbalmente os ideais de colaboração, abertura e capacidade de decisão. Ele tinha um grande trabalho pela frente. A EDS era conhecida por seu pessoal inteligente e agressivo, mas os empregados tinham a reputação de estarem sempre competindo entre si. A empresa era marcada por uma cultura de heróis solitários. Unidades operacionais individuais tinham pouco ou nenhum incentivo para compartilhar informações ou cooperar umas com as outras a fim de conquistar negócios. Havia poucas sanções para comportamentos "solitários" e para o não cumprimento de metas de desempenho. A indecisão corria solta. Conforme explicado por um veterano da empresa: "Reuniões, reuniões e mais reuniões. As pessoas não conseguiam tomar decisões e não tomariam decisões. Elas não precisavam fazer isso. Não havia responsabilidade." A EDS estava perdendo negócios. A receita era estável, os ganhos eram menores e o preço das ações da empresa estava despencando.

Um princípio central da filosofia de gerenciamento de Brown é que "líderes recebem o comportamento que eles toleram". Logo após sua chegada na EDS, instalou seis mecanismos operacionais sociais em um ano, o que indicava que não toleraria a antiga cultura de crescente individualismo e acúmulo de informações. Um mecanismo era o "convite ao desempenho", como ficou conhecido na empresa. Uma vez por mês, os 100, ou mais, melhores executivos da EDS do mundo inteiro participavam de uma teleconferência na qual números e atividades críticas do mês anterior eram analisados detalhadamente. A transparência e as informações simultâneas são as regras; o acúmulo de informações não é mais possível. Todos sabem quem é o alvo do ano, quem está na frente nas projeções e quem está atrás. Aqueles que estão atrás precisam explicar a insuficiência e a maneira como planejam se recuperar. Não basta que um gerente diga que está avaliando, revendo ou analisando um problema. Estas não são as palavras de alguém que está atuante, segundo Brown. Estas são as palavras de alguém que está pronto para agir. Utilizá-las diante de Brown equivale a lançar duas perguntas em resposta: Ao terminar sua análise, o que você vai fazer? E quando você pretende fazer isso? A única maneira de o pessoal de Brown responder a essas perguntas de forma satisfatória é tomando uma decisão e executando-a.

Convites ao desempenho também são um mecanismo para anunciar e resolver os conflitos inevitáveis em uma empresa de grande porte, especialmente quando se trata de uma venda cruzada para acelerar o crescimento da receita. Duas unidades podem estar em busca do mesmo cliente, por exemplo, ou um cliente atendido por uma unidade pode ser comprado por um cliente atendido por outra. Que unidade deve liderar a busca? Que unidade deve atender a entidade incorporada? É extremamente importante resolver estas questões. Prolongar o problema não é apenas desgastante em termos de energia emocional, mas também diminui a capacidade da empresa de agir de maneira decisiva. A lentidão torna-se desvantagem competitiva.

Brown incentiva as pessoas a resolverem esses conflitos, pois encara-os como sinal da saúde corporativa porque oferecem oportunidade de demonstrar o estilo de diálogo defendido por ele. Brown tenta criar um ambiente seguro de discordância, lembrando aos empregados que o conflito não é pessoal. O conflito em qualquer empresa global é algo construído. E Brown acredita ainda que é essencial quando todos pensam em termos da empresa inteira, e não apenas em um ponto específico. Em vez de buscar a solução favorável à sua própria unidade, eles buscam a melhor solução para a EDS e seus acionistas. Parece simples ou mesmo óbvio. Mas em uma organização que antes era caracterizada por heróis solitários e interesse pessoal, exercícios altamente visíveis na solução de conflitos levam as pessoas a alinharem seus interesses com os da empresa como um todo. Não basta declarar a mensagem uma vez e pressupor que ela será internalizada. O comportamento muda pela repetição. O destaque da mensagem repetidas vezes em mecanismos operacionais sociais, como os convites mensais ao desempenho (e recompensar e sancionar pessoas com base em sua adesão a ele), é uma das ferramentas mais poderosas de Brown para gerar mudanças comportamentais que conduzem à mudança cultural genuína.

É claro que nenhum líder pode ou deve participar de todas as reuniões, resolver todos os conflitos ou tomar todas as decisões. Mas, ao projetar mecanismos operacionais sociais que promovam um diálogo aberto, mas produtivo, líderes exercem forte influência sobre outros que executam estas tarefas. Na realidade, é por esses mecanismos que o trabalho de moldar uma cultura decisiva é realizado.

Outra empresa que utiliza mecanismos operacionais sociais para criar uma cultura decisiva é a gigante multinacional farmacêutica Pharmacia. A abordagem da empresa ilustra um ponto que procuro sempre frisar para meus clientes: a estrutura divide; mecanismos operacionais sociais integram. É essencial adicionar logo essa estrutura. Se uma empresa não dividir tarefas, funções e responsabilidades, ela nunca conseguirá a realização de alguma coisa. Mas os mecanismos operacionais sociais são necessários para direcionar as diversas atividades contidas dentro de uma estrutura para atingir um objetivo. Mecanismos bem projetados realizam esta função integradora. Mas, independente ou não de serem bem projetados, os mecanismos também precisam de diálogo decisivo para seu funcionamento adequado.

Dois anos após a fusão com a Upjohn, em 1995, o então CEO da Pharmacia, Fred Hassan, decidiu criar uma cultura inteiramente nova para a entidade combinada. A organização vislumbrada seria colaborativa, orientada ao cliente e rápida. Ela mesclaria os diferentes talentos de uma empresa global para desenvolver medicamentos líderes de mercado, e faria isso mais rápido do que a concorrência. O principal mecanismo para promover a colaboração: líderes de várias unidades e funções participariam de freqüentes diálogos construtivos.

A corrida da empresa para desenvolver uma nova geração de antibióticos para tratar infecções resistentes a medicamentos ofereceu ao gerenciamento da Pharmacia a oportunidade de testar o sucesso de seus esforços de construção de uma cultura. O Dr. Göran Endo, chefe de pesquisa e desenvolvimento, e Carrie Cox, chefe do gerenciamento de negócios globais, criaram um mecanismo operacional social que incluía alguns dos melhores cientistas, clínicos e profissionais de marketing da empresa. Conseguir reunir regularmente as três funções já foi um passo audacioso.

Em geral, o desenvolvimento de medicamentos é acompanhado de uma série de transferências de responsabilidades. Um grupo de cientistas executa o trabalho básico de descoberta do medicamento e, depois, encaminha esses resultados para um segundo grupo, que submete o medicamento a testes clínicos durante um ano ou mais. Se e quando recebe o carimbo de aprovação da Food and Drug Administration, ele é transferido para o pessoal de marketing, que inventa um plano de marketing. Só então o medicamento é transferido ao departamento de vendas, que tenta vendê-lo para médicos e hospitais. Ao substituir esta abordagem em série por uma que tornou cientistas, clínicos e profissionais de marketing responsáveis por um fluxo inteiro de desenvolvimento e marketing, os dois líderes visavam desenvolver um medicamento que melhor atendesse às necessidades dos pacientes, que tivesse um maior potencial de receita e que adquirisse velocidade como vantagem competitiva. E eles queriam criar um modelo para futuros esforços colaborativos.

O sistema de recompensa da empresa reforçava seu modelo colaborativo, explicitamente vinculando compensação às ações do grupo. A compensação de cada membro baseava-se no tempo para lançar o medicamento no mercado, no tempo para o medicamento atingir o ápice em participação rentável e no total de vendas. O sistema deu aos membros do grupo um forte incentivo para conversar abertamente entre si e compartilhar livremente informações. Mas faltava o toque criativo. Nas primeiras vezes em que o grupo de desenvolvimento de medicamentos se encontrou, ele focou quase que exclusivamente suas diferenças, que eram muitas. Para fugir de clichês, é mais seguro dizer que cientistas, clínicos e profissionais de marketing tendem a apresentar maneiras diferentes de falar, pensar e se relacionar. E cada um tendia a defender o que percebia como seus interesses, e não os interesses de acionistas e clientes. Foi neste momento que Endo e Cox assumiram o controle sobre o diálogo, lembrando ao grupo que era importante jogar bem com os outros, mas, ainda mais importante era produzir um medicamento que atendesse às necessidades dos pacientes e superasse a concorrência.

Agindo juntos, os dois líderes transformaram as conversas em diálogos produtivos focados em uma tarefa comum. Eles compartilharam o que sabiam sobre o desenvolvimento e a comercialização de farmacêuticos e demonstraram como cientistas podiam aprender a pensar um pouco como profissionais de marketing; e como profissionais de marketing também podiam pensar um pouco como cientistas. Eles trataram do desafio emocional de resolver conflitos publicamente, a fim de demonstrar como discordar, às vezes fortemente, sem animosidade e sem perder de vista o objetivo em comum.

Na verdade, considere como um diálogo ajudou o grupo a tomar a decisão que transformou um medicamento promissor em uma história de sucesso. Para simplificar a pesquisa e o processo de teste, cientistas do grupo começaram a buscar um antibiótico eficaz contra um número limitado de infecções e que só seria utilizado como "terapia de salvamento" em casos graves, quando as terapias com antibiótico convencional não funcionassem. Mas o diálogo intenso com os profissionais de marketing gerou a informação de que os médicos estavam receptivos a um medicamento que combateria uma gama de infecções. Eles desejavam um medicamento que pudesse tratar totalmente infecções agudas, iniciando um tratamento antecipado no curso da doença, em grandes doses através de aplicação intravenosa, ou em pequenas doses, com pílula. Os cientistas mudaram de foco e o resultado foi o Zyvox, um dos maiores sucessos farmacêuticos dos últimos anos. Ele se tornou a garota-propaganda na campanha da Pharmacia por uma cultura caracterizada pela colaboração multifuncional e execução mais veloz. Pelo diálogo, o grupo criou um produto que cientistas, clínicos e profissionais de marketing não conseguiriam prever ou executar sozinhos. E o mecanismo que criou este diálogo aberto agora é uma prática-padrão na Pharmacia.

Acompanhamento e feedback

O acompanhamento está no DNA de culturas decisivas e ocorre pessoalmente, por telefone, ou em uma conduta rotineira de um mecanismo operacional. A falta de acompanhamento destrói a disciplina da execução e incentiva a indecisão.

Uma cultura de indecisão muda quando grupos de pessoas são compelidos a serem sempre diretos. E poucos mecanismos incentivam a franqueza com mais eficácia do que as análises de desempenho e compensação, especialmente quando elas estão explicitamente vinculadas aos mecanismos operacionais sociais. Mesmo assim, é muito comum encontrar o processo de análise de desempenho tão ritualizado e vazio quanto a reunião de negócios que descrevi no início deste capítulo. Tanto o empregado quanto seu gerente desejam resolver a situação o mais rápido possível. Marque a opção apropriada, mantenha o bom trabalho, este foi o seu crescimento, vamos repetir este procedimento no ano que vem. Peço desculpas, mas agora preciso ir. Não há uma conversa genuína, nenhum feedback e, pior ainda, nenhuma chance de o empregado aprender as verdades, às vezes duras, que o ajudarão a crescer e se desenvolver. Grandes sistemas de compensação morrem por falta de diálogos francos e firmeza emocional dos líderes.

Na EDS, Dick Brown criou um processo de avaliação e análise que praticamente força gerentes a participar de diálogos francos com seus subordinados. Todos na empresa são classificados em quintis e recompensados de acordo com seu desempenho comparado ao de seus colegas. Esta provou ser uma das características mais controversas na liderança de Dick Brown – alguns empregados a consideram um meio darwiniano de distinguir vencedores de perdedores e colocar colegas uns contra os outros.

Segundo Brown, este não é o objetivo do sistema de classificação. Ele vê o processo como a forma mais eficaz de recompensar aqueles com melhor desempenho na empresa e de mostrar aos retardatários onde precisam melhorar. Mas o sistema precisa do tipo certo de diálogo para funcionar conforme imaginado e servir seu propósito de aumentar o número de pessoas talentosas. Líderes precisam dar feedback sincero aos seus subordinados diretos, especialmente àqueles que se encontram com as piores classificações.

Brown se lembra de um encontro que teve logo após a liberação do primeiro conjunto de classificações. Um empregado que se considerava um dos melhores na EDS ficou chocado ao descobrir que estava mais próximo do final do que do início da lista. O empregado perguntou: "O que houve? Este ano tive um desempenho tão bom quanto no ano anterior. Ano passado, meu chefe considerou meu desempenho exemplar." Brown respondeu que só podia pensar em duas possíveis explicações. Primeira possibilidade: talvez o empregado não fosse tão bom no trabalho como pensava ser. A segunda possibilidade: mesmo que o empregado estivesse realizando um trabalho tão bom quanto no ano anterior, o desempenho de seus colegas foi melhor. Brown concluiu: "Se você continuou na mesma, ficou para trás."

Esta troca revelou a possibilidade (até mesmo a probabilidade) de o chefe imediato do empregado ter optado por fornecer-lhe uma análise menos sincera no ano anterior, em vez de lidar com a tarefa desagradável de dizer onde tinha deficiências. Brown compreende por que um gerente fica tentado a esquivar-se de uma conversação tão dolorosa. Ao oferecer feedback negativo, um líder está testando sua força. Mas o feedback crítico faz parte do que Brown chama de "a carga pesada da liderança". Segundo ele, evitar isso é como "sentenciar a empresa à mediocridade". Além disso, ao deixarem de oferecer um feedback sincero, os líderes tapeiam seu pessoal, privando-os das informações de que precisam para poder melhorar.

O feedback deve levar em conta vários atributos: sinceridade, teor construtivo, inexorável foco no desempenho comportamental, responsabilidade e execução. A única coisa que ele não deve ser é surpreendente. Segundo Brown, "um líder deve construir sua avaliação o ano inteiro e fazer avaliação o ano inteiro. Você tem 20, 30, 60 oportunidades por ano para compartilhar suas observações. Não deixe essas oportunidades escaparem. Se, ao final do ano, alguém estiver realmente surpreso com o que você disse, significa que houve uma falha da liderança".

BASICAMENTE, mudar uma cultura de indecisão é uma questão de liderança. Trata-se de fazer as perguntas difíceis: Qual é a potência e a eficácia de nossos mecanismos operacionais sociais? Como estão vinculados? Eles possuem as pessoas certas e a freqüência adequada? Eles seguem determinado ritmo e operam com consistência? O acompanhamento é construído? As recompensas e sanções estão vinculadas aos resultados do diálogo decisivo? E, o mais importante, o diálogo é produtivo dentro destes mecanismos? Nosso diálogo é marcado por abertura, sinceridade, informalidade e encerramento?

Transformar uma cultura de indecisão é uma tarefa árdua e que exige muito de nós. Ela exige todas as habilidades de escuta, perspicácia nos negócios e experiência operacional que um líder corporativo consegue reunir. Mas igualmente importante, o trabalho exige firmeza emocional, acompanhamento e força interior. Fazer as perguntas certas, identificar e resolver conflitos, oferecer feedback franco e construtivo, e diferenciar as pessoas com sanções e recompensas nunca é fácil. Muitas vezes, isso é muito desagradável. Por isso, é natural que muitos executivos mais experientes evitem a tarefa. No curto prazo, eles se poupam de um grande desgaste emocional. Mas essa fuga define o tom de uma empresa que não compartilha inteligência, não toma decisões, não enfrenta conflitos, e muito menos procura resolvê-los. Aqueles que fogem, não percebem o valor da liderança eficaz. Líderes com a força para insistir em diálogo franco e acompanhamento serão recompensados, não apenas com uma empresa decisiva, mas também com uma força de trabalho que é energizada, dotada de empowerment e envolvida.

Destruidores de diálogo

O DIÁLOGO nas suas reuniões é um escoador de energia? Se ele não energiza as pessoas e não foca seu trabalho, observe os seguintes itens:

Diálogo suspenso

Sintoma: A confusão predomina. A reunião termina sem uma clara definição da etapa seguinte. As pessoas criam suas próprias interpretações da reunião para atender ao seu interesse pessoal. Ninguém pode ser considerado responsável quando as metas não são atingidas.

Solução: Faça o encerramento da reunião, verificando se todos sabem o que precisam fazer, e quando. Registre isso por escrito, caso necessário, e seja específico.

Bloqueios de informações

Sintoma: A não divulgação de todas as informações relevantes representa uma falha. Um fato ou opinião importante são revelados após uma tomada de decisão, o que torna a deixar a decisão em aberto. Este padrão se repete.

Solução: Primeiro, verifique se as pessoas certas estão participando da reunião. Se descobrir informações que estavam faltando, divulgue-as logo. Torne explícita a expectativa de abertura e sinceridade, perguntando: "O que está faltando?". Utilize coaching e sanções para corrigir o acúmulo de informações.

Perspectivas fragmentadas

Sintoma: As pessoas se prendem a visões estreitas e ao interesse pessoal, e acabam deixando de reconhecer que os outros têm interesses válidos.

Solução: Prolongue os discursos das pessoas até ter certeza de que todos os lados da questão foram representados. Declare novamente o propósito em comum para manter todos focados no mesmo grande cenário. Gere alternativas. Utilize o coaching para mostrar às pessoas como seu trabalho contribui para a missão geral da empresa.

Livre para todos

Sintoma: Ao esquivar-se de orientar o fluxo da discussão, o líder permite que comportamentos negativos cresçam. "Extorcionistas" forçam uma negociação com o grupo inteiro até outros perceberem as coisas da sua maneira; "desviadores" saem pela tangente, recontam a história dizendo "quando fiz isto há dez anos...", ou entram em detalhes desnecessários; "mentirosos silenciosos" não expressam suas verdadeiras opiniões, ou concordam com coisas que não pretendem fazer; e "divisores" criam brechas no grupo, buscando apoio para sua visão fora do mecanismo operacional social, ou participam de discussões paralelas durante a reunião.

Solução: O líder precisa exercitar sua força interior, indicando repetidamente os comportamentos que são aceitáveis e sancionando aqueles que persistem em comportamentos negativos. Se sanções menos severas falharem, o líder deverá estar disposto a remover o jogador ofensor do grupo.

A arma secreta da GE

CONHECIDA POR SUAS PRÁTICAS de gerenciamento estado-da-arte, a General Electric criou um sistema de dez mecanismos operacionais sociais intimamente ligados. Vitais para o sucesso da GE, esses mecanismos definem metas e prioridades para a empresa inteira, bem como para suas unidades de negócios individuais, e rastreia o progresso de cada unidade em relação a essas metas. O CEO Jack Welch também utiliza o sistema para avaliar altos executivos em cada unidade, e recompensá-los ou sancioná-los de acordo com o desempenho de cada um.

Três dos mecanismos mais imitados são: o Corporate Executive Council (CEC), que se reúne quatro vezes ao ano; as análises anuais de liderança e organizacional, conhecidas como Sessão C; e as análises anuais de estratégias, conhecidas como S-1 e S-2. A maioria das empresas de grande porte possui mecanismos semelhantes. Os da GE, contudo, são notáveis por sua intensidade e duração; vínculos estreitos entre si; acompanhamento; e extrema sinceridade, encerramento e capacidade de decisão.

No CEC, os executivos mais experientes da empresa se reúnem por dois dias e meio em sessões de intensa colaboração e troca de informações. Como estes líderes compartilham as melhores práticas, avaliam o ambiente de negócios externo e identificam as oportunidades mais promissoras e os problemas mais urgentes da empresa, Welch tem a chance de orientar gerentes e observar seus estilos de trabalho, pensamento e colaboração. Entre as 10 iniciativas que surgiram nestes encontros, nos últimos 14 anos, estão o impulso de melhoria de qualidade do seis sigma da GE e seu esforço de e-commerce na empresa inteira. Essas sessões não se destinam aos covardes – às vezes, os debates mais parecem um campo de batalhas orais. Mas, quando o CEC entra em cena, todos os participantes sabem quais são as prioridades corporativas e o que é esperado deles.

Em reuniões da Sessão C, Welch e o vice-presidente sênior de Recursos Humanos da GE, Bill Conaty, se reúnem com o chefe de cada unidade de negócios, bem como com seu alto executivo de RH para discutir sobre questões de liderança e organizacionais. Nessas sessões intensas, com duração de 12 a 14 horas, os participantes analisam o pool de talentos em potencial da unidade e suas prioridades organizacionais. Quem precisa ser promovido, recompensado e desenvolvido? Como? Quem não está atingindo a meta? A sinceridade é obrigatória, assim como a execução. O diálogo vai e volta, e está ligado à estratégia da unidade de negócios. Welch acompanha cada sessão, faz suas anotações e analisa o teor dos itens de diálogo e ação. Com esse mecanismo, a escolha e a avaliação das pessoas tornaram-se competência essencial na GE. Não é à toa que a GE ficou conhecida como a "Universidade de CEOs".

O progresso do chefe da unidade na implementação deste plano de ação está entre os itens da agenda da reunião S-1, que cerca de dois meses após a Sessão C. Welch, seu diretor financeiro (CFO) e membros do escritório do CEO se reúnem separadamente com cada chefe de unidade e sua equipe para discutir sobre a estratégia para os três anos seguintes. A estratégia, que deve incorporar temas relativos à empresa inteira e às iniciativas que emergiram das reuniões do CEC, está sujeita a um exame intenso e minucioso e a um teste de realidade, conduzidos por Welch e a equipe sênior. O diálogo nas sessões é informal, aberto, decisivo e cheio de coaching valioso de Welch envolvendo negócios e recursos humanos. Assim como na Sessão C, o diálogo sobre estratégia está vinculado a questões pessoais e corporativas. Novamente, Welch faz anotações a mão, nas quais define suas expectativas em relação ao chefe da unidade, como resultado do diálogo.

As reuniões S-2, que normalmente ocorrem em novembro, seguem uma agenda semelhante à reunião S-1, exceto pelo fato de estarem focadas em um horizonte de prazo mais curto, em geral de 12 a 15 meses. Aqui, as prioridades operacionais e as alocações de recursos estão vinculadas.

Se analisadas em conjunto, as reuniões associam feedback, tomada de decisões e avaliação dos recursos e das pessoas-chave da empresa. O mecanismo explicitamente une as metas e o desempenho de cada unidade à estratégia geral da empresa e destaca o desenvolvimento da próxima geração de líderes. O processo é implacável em sua demanda de responsabilidade gerencial. Ao mesmo tempo, Welch aproveita a oportunidade para participar do acompanhamento e do feedback que é sincero, direto e focado na capacidade de decisão e execução. Este sistema operacional talvez seja a vantagem competitiva mais duradoura da GE.

Originalmente publicado em abril de 2001
Reimpressão R0104D

Mudança através da persuasão

DAVID A. GARVIN E MICHAEL A. ROBERTO

Resumo executivo

DIANTE DA NECESSIDADE DE MUDANÇA em grande escala, a maioria dos gerentes reagem de forma previsível. Eles renovam a estratégia organizacional, modificam o staff e tentam descobrir as ineficiências. Depois, aguardam pacientemente o aperfeiçoamento do desempenho. Mas ficam extremamente desapontados pois não conseguiram preparar adequadamente os empregados para a mudança. Neste artigo, os autores confirmam, para fazer a mudança, os líderes precisam conduzir uma campanha de persuasão eficaz – uma campanha que inicie semanas ou meses antes do plano de revitalização entrar em ação.

Assim como uma campanha política, uma campanha de persuasão é muito diferente do que se fazia no passado. Líderes da revitalização precisam convencer as pessoas de que a organização está, realmente, com os dias contados ou, pelo menos, que são necessárias mudanças radicais para que ela sobreviva e se desenvolva. (Este é um desafio especialmente difícil quando anos de problemas persistentes foram seguidos de poucas mudanças no *status quo*.) E precisam demonstrar, por palavras e ações, que são os líderes certos com o plano certo.

Para conseguir tudo isso, é necessária uma estratégia de comunicação em quatro partes. Antes de anunciar um plano de revitalização, os líderes precisam preparar o cenário para que os empregados aceitem esse plano. No momento da comunicação, devem apresentar uma estrutura pela qual os empregados possam interpretar informações e mensagens sobre o plano. Com o passar do tempo, precisam gerenciar o humor para que o estado emocional dos empregados apóie as fases de implementação e acompanhamento. E, em intervalos críticos, precisam oferecer reforço para garantir que as mudanças desejadas se sedimentem e que não haja falhas.

Utilizando o exemplo da completa revitalização no Beth Israel Deaconess Medical Center, de Boston, os autores elucidam os trabalhos internos de esforço de mudança bem-sucedida.

DIANTE DA NECESSIDADE de mudança em grande escala, a maioria dos gerentes reagem de forma previsível. Eles renovam a estratégia organizacional, reúnem o grupo usual de suspeitos (pessoas, pagamento e processos), mudam o staff, realinham incentivos e tentam descobrir as ineficiências. Depois, aguardam pacientemente o aperfeiçoamento do desempenho. Mas ficam extremamente desapontados. Por algum motivo, as coisas certas ainda não estão acontecendo.

Por que é tão difícil mudar? Primeiro, a maioria das pessoas hesita em modificar hábitos. Elas preferem manter o que funcionou no passado; na ausência de grande ameaça, empregados continuam fazendo tudo da maneira que sempre fizeram. E quando uma empresa já teve uma sucessão de líderes, a resistência à mudança é ainda maior. Um legado de decepções e desconfiança gera um ambiente no qual os empregados condenam automaticamente o próximo campeão da revitalização ao fracasso, pressupondo que ele é "como todos os outros". A necessidade de sacrifício e autodisciplina encontra pela frente cinismo, ceticismo e resistência automática.

Nossa pesquisa sobre a transformação organizacional envolveu diversos locais: empresas multinacionais, instituições públicas, organizações sem fins lucrativos e equipes de alto desempenho, como expedições de escalada a montanhas e tripulações de combate a incêndio. Descobrimos que para a mudança acontecer, os líderes precisam criar e executar uma campanha de persuasão eficaz – que comece semanas ou meses antes do real plano de revitalização entrar em ação. Gerentes devem executar um trabalho significativo desde o início para garantir que empregados realmente prestem atenção a mensagens duras, questionem antigos pressupostos e pensem em novas formas de trabalhar. Isso significa que é necessário adotar uma série de medidas deliberadas, mas sutis, com o objetivo de remodelar as visões dominantes dos empregados e criar um novo contexto para a ação. Um processo tão distinto deve ser gerenciado ativamente durante os primeiros meses de uma revitalização, quando a incerteza é alta e os contratempos são inevitáveis. Caso contrário, há poucas chances de conseguirmos um aperfeiçoamento sustentável.

Assim como em uma campanha política, uma campanha de persuasão caracteriza-se, em grande parte, por sua diferenciação do passado. Para o típico empregado que tem aversão à mudança, todos os planos de reestruturação são parecidos. O segredo para líderes da revitalização é mostrar aos empregados como seus planos diferem dos planos de seus antecessores. Eles precisam convencer as pessoas de que a organização realmente está com os dias contados ou, pelo menos, que mudanças radicais são necessárias para que a empresa sobreviva e se desenvolva. (Este é um desafio especialmente difícil quando anos de problemas persistentes foram seguidos de poucas mudanças no *status quo*.) E líderes da revitalização também precisam ganhar a confiança, demonstrando, por palavras e ações, que são os líderes certos para o trabalho. Além disso, precisam convencer os empregados de que o plano que desenharam é o certo para seu crescimento.

Para conseguir tudo isso, é necessária uma estratégia de comunicação em quatro partes. Antes de divulgar uma política ou emitir uma série de instruções, os líderes precisam preparar o cenário para a aceitação. No momento da comunicação, devem apresentar uma estrutura pela qual as informações e mensagens são interpretadas. Com o passar do tempo, precisam gerenciar o humor para que o estado emocional dos empregados sirva de apoio para a implementação e o acompanhamento. E, em intervalos críticos, devem oferecer reforço para garantir que as mudanças desejadas se sedimentem sem falhas. Consulte o quadro "As quatro fases de uma campanha de persuasão" para obter uma reprodução gráfica.

Neste artigo, descrevemos esse processo em maiores detalhes, com base no exemplo de revitalização do Beth Israel Deaconess Medical Center (BIDMC), em Boston. Paul Levy, que se tornou CEO no início de 2002, conseguiu impedir o colapso do hospital em crise. Tivemos visão privilegiada nos primeiros seis meses da revitalização. Levy concordou em gravar entrevistas em vídeo a cada duas ou quatro semanas, durante esse período, pois estávamos preparando um estudo de caso que descrevia seus esforços. Ele também nos concedeu acesso à programação diária de sua agenda, bem como às mensagens de e-mail e a memorandos e relatórios internos. Com essa riqueza de dados, conseguimos rastrear o processo de mudança à medida que ela se desdobrava, sem os preconceitos e distorções usuais que surgem em uma retrospectiva 20/20. A história de como Levy preparou o terreno para a mudança deixa lições para qualquer CEO em uma situação de revitalização.

Preparando o cenário

Paul Levy era um candidato pouco provável ao comando da BIDMC. Ele não era médico e não tinha experiência em gestão hospitalar, embora tivesse trabalhado como diretor executivo de administração na Harvard Medical School. O que o levou à fama foi sua função como arquiteto do Boston Harbor Cleanup,

As quatro fases de uma campanha de persuasão

Um processo típico de revitalização consiste em duas fases marcantes: desenvolvimento do plano, seguida de uma implementação que pode ou não ser bem aceita pela organização. Para que o plano de revitalização seja amplamente aceito e adotado, contudo, o CEO deve desenvolver uma campanha de persuasão separada, com o intuito de criar um ambiente continuamente receptivo à mudança. A campanha começa muito antes do primeiro dia de trabalho do CEO ou, se o CEO já estiver estabelecido, bem antes do início do trabalho de desenvolvimento formal, e continua muito depois da divulgação do plano final.

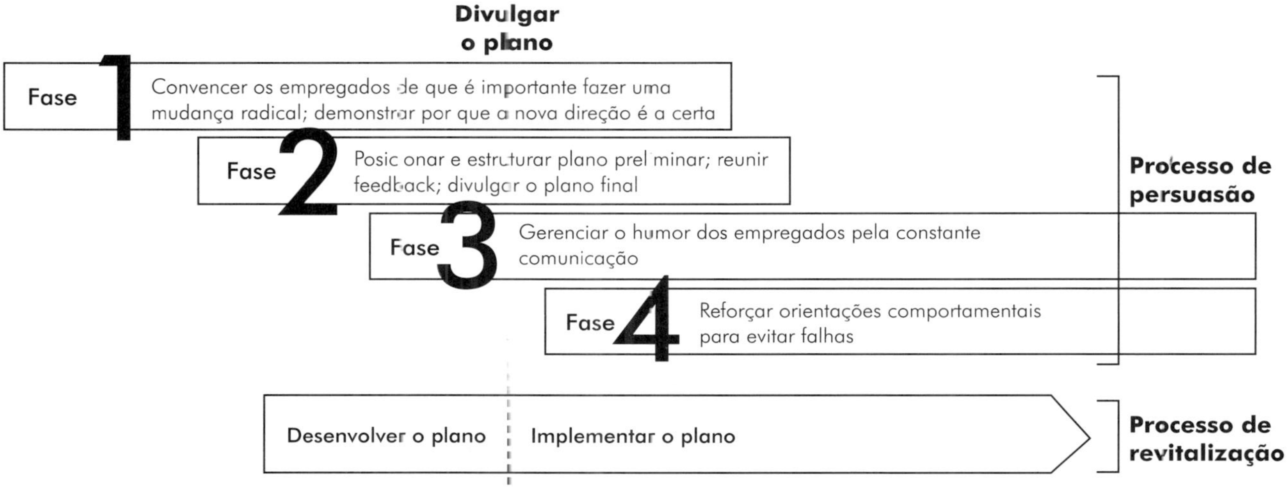

um projeto multibilionário de controle da poluição que havia conduzido há vários anos. (Com base na sua experiência, Levy identificou uma dinâmica organizacional comum, porém destrutiva, que leva equipes dedicadas a operar de forma contraproducente, e descreveu isso em "The Nut Island Effect: When Good Teams Go Wrong", HBR, março de 2001.) Seis anos após concluir o projeto Boston Harbor, Levy abordou o Conselho de Administração da BIDMC e se candidatou ao cargo responsável pela limpeza do hospital, que passava por problemas.

Apesar da falta de experiência em gestão hospitalar, Levy chamou a atenção do Conselho de Administração. O Boston Harbor Cleanup era um esforço de mudança difícil e altamente visível que exigia uma grande habilidade política e gerencial. Levy se manteve firme diante de negociações difíceis e da resistência do público. Instilou responsabilidade por parte de instituições estaduais e municipais. Ele também era conhecido pelo Conselho de Administração em termos quantitativos, pois trabalhou em um comitê da BIDMC formado pelo presidente do mesmo em 2001.

Levy via o emprego em potencial no serviço público. A BIDMC era o produto de uma difícil fusão, de 1996, de dois hospitais – o Beth Israel e o Deaconess, cada qual com ótima reputação, vários departamentos e especializações de alta qualidade, e staffs muito dedicados. Os problemas começaram após a fusão. Um foco mal orientado na prática clínica, e não a integração da administração, a incapacidade de cortar custos, e a contínua incapacidade de executar planos e se adaptar às novas condições no mercado de produtos de saúde contribuíram para o triste desempenho da BIDMC.

Quando o Conselho de Administração escolheu Levy, os negócios na BIDMC haviam alcançado a derrocada financeira. O hospital estava perdendo $50 milhões ao ano. As relações entre a administração e o staff médico estavam tensas, assim como aquelas entre a gerência e o Conselho de Administração. Os empregados se sentiam desmoralizados, pois haviam testemunhado o rápido declínio no status da instituição, antes de prestígio, e o decepcionante fracasso dos líderes anteriores. Um estudo crítico foi conduzido pelo Hunter Group, uma empresa de consultoria líder na área médica. O relatório que detalhava as condições adversas no hospital e as mudanças necessárias para conseguir reverter o quadro estava completo, mas ainda não tinha sido liberado. Enquanto isso, o procurador-geral do Estado, que era responsável pela supervisão de fundos de caridade, fez pressão sobre o Conselho de Administração para vender a então enfraquecida BIDMC para uma organização sem fins lucrativos.

Assim como tantos outros CEOs que foram recrutados para resolver uma situação difícil, a primeira tarefa de Levy era ganhar um mandato pensando nas mudanças que viriam pela frente. Ele também reconheceu que negociações cruciais seriam mais bem conduzidas antes de assumir o cargo, quando sua alavancagem seria maior, em vez de esperar até poder tirar as rédeas. Em especial, decidiu garantir a cooperação do Conselho de Administração do hospital, declarando suas condições de emprego. Ele disse aos diretores, por exemplo, que, caso o contratassem, não poderiam mais interferir nas decisões diárias de gerenciamento. Em sua segunda e terceira reuniões com o comitê de pesquisa do Conselho de Administração, Levy apresentou sua programação e suas intenções. Insistiu que o Conselho de Administração deveria decidir rápido sobre sua nomeação, para permitir que ele ocupasse o cargo antes da liberação do relatório da Hunter. Ele disse ao comitê que pretendia ter um grupo menor e mais eficaz de diretores. Embora as condições fossem um tanto quanto incomuns, o Conselho de Administração estava convencido de que Levy tinha experiência para liderar uma revitalização bem-sucedida, e eles aceitaram suas condições. Levy começou a trabalhar no dia 7 de janeiro de 2002.

A próxima tarefa era preparar o cenário com o staff do hospital. Levy estava convencido de que os empregados, ávidos por uma revitalização, fariam o máximo para colaborar se ele pudesse copiar e incorporar os valores essenciais da cultura do hospital, em vez de impor seus valores pessoais. Decidiu agir como o equivalente gerencial de um bom médico, ou seja, como aquele que, ao lidar com um paciente muito doente, transmite as más notícias e as chances de sucesso de maneira franca e dá um senso de esperança realista, sem mascarar a realidade.

Como qualquer líder que está tentando dar a volta por cima, Levy também sabia que seria necessário desenvolver uma mensagem audaciosa que indicasse os motivos convincentes para fazer as coisas de forma diferente e depois veicular essa mensagem em letras maiúsculas para sinalizar a chegada de uma nova ordem. Para tornar a mensagem eficaz, vinculou-a a uma ameaça implícita. Ao se lembrar das conversas particulares com o procurador-geral do Estado, a quem havia convencido a manter o hospital aberto, pelo menos por algum tempo, Levy decidiu publicar a real possibilidade de o estabelecimento ser vendido. Apesar de saber que estava correndo o risco de assustar o staff e os pacientes com as más notícias, ele acreditava que uma clara exposição da realidade era necessária para levar os empregados a encarar a situação.

No seu primeiro dia de trabalho, Levy enviou um e-mail para o staff pedindo a ajuda de todos. O memorando continha quatro mensagens extensas. Primeiro, deu as notícias boas, apontando que a organização tinha muito do que se orgulhar ("esta é uma instituição maravilhosa, que representa o melhor da medicina acadêmica: atendimento exemplar a pacientes, pesquisa extraordinária e ensino de primeira linha"). Segundo, Levy observou que havia uma real ameaça de venda ("esta é a nossa última chance"). Terceiro, sinalizou quais tipos de ações os empregados poderiam esperar dele ("haverá uma redução no staff"). E, finalmente, descreveu o estilo aberto de gerenciamento que adotaria. Ele circularia pela empresa, almoçaria com o staff na cantina, conversaria com as pessoas nos corredores, aproveitaria todas as oportunidades para conversar com empregados e descobrir suas preocupações. Ele se comunicaria diretamente com empregados por e-mail, em vez de utilizar intermediários. Também observou que o relatório Hunter seria enviado pela intranet do hospital, onde todos os empregados teriam a oportunidade de rever suas recomendações e submeter comentários para o plano de revitalização final. O tom direto e aberto do memorando via e-mail era um prenúncio do estilo de gerenciamento de Levy, diferente de seus antecessores.

À tarde, revelou a situação da BIDMC em entrevistas com o *Boston Globe* e o *Boston Herald*, os dois maiores jornais da cidade. Ele disse aos repórteres o mesmo que havia dito aos empregados do hospital: que, na ausência de uma revitalização, o hospital seria vendido para uma rede sem fins lucrativos e, portanto, perderia seu status de hospital de ensino de Harvard. Para afastar a possibilidade de venda, seriam necessárias medidas mais drásticas, inclusive a demissão de 500 a 700 empregados. Levy insistiu que nenhuma enfermeira seria demitida, pois eles queriam manter os padrões de alta qualidade no atendimento aos pacientes. As reportagens dos jornais, além do memorando que circulou naquela manhã, serviram para redefinir logo as expectativas dos empregados e, ao mesmo tempo, aumentar sensivelmente o nível de cooperação do staff e a disposição para aceitar as novas iniciativas. Isso tudo seria necessário para a sobrevivência do hospital.

Dois dias depois, o essencial relatório Hunter ficou pronto e circulou via intranet do hospital. Como o relatório havia sido gerado por terceiros, de forma objetiva, os empregados estavam abertos à sua visão simples e com falhas. Os fatos eram marcantes e o staff não podia mais alegar que ignorava os fatos. Levy recebeu e respondeu pessoalmente a mais de 300 sugestões de aperfeiçoamento por e-mail, graças ao relatório, muitas das quais posteriormente incluídas por ele no plano de revitalização.

Criação da estrutura

Quando o palco está montado para a aceitação, líderes eficazes precisam ajudar aos empregados a interpretar propostas de mudança. Planos complexos podem ser interpretados de diversas formas; nem todos eles garantem a aceitação e os resultados favoráveis. Líderes preparados utilizam, portanto, "estruturas" para oferecer perspectiva de contexto e forma para novas propostas e novos planos. Ao estruturar os problemas, líderes ajudam as pessoas a digerir as idéias de formas específicas. Uma estrutura pode assumir várias formas: ela pode ser uma apresentação em nível de empresa que prepara empregados antes de uma mudança inesperada, por exemplo, ou uma entrevista de rádio que oferece contexto após uma demissão turbulenta.

Levy utilizou um dispositivo de estrutura especialmente eficaz para ajudar os empregados a interpretar uma minuta do plano de revitalização. Este dispositivo assumiu a forma de um memorando detalhado via e-mail, que acompanhava um plano denso, com várias páginas. O memorando explicava, detalhadamente, o objetivo do plano e o impacto esperado.

A primeira parte do memorando buscava abrandar críticas e diminuir o medo de médicos e enfermeiras. O seu tom era positivo e enaltecedor; ele discutia sobre a missão, a estratégia e os valores descomprometidos da BIDMIC, destacando o "ambiente acolhedor e zeloso" do hospital. Essa parte também confirmava a importância de o hospital permanecer um centro médico acadêmico, bem como lembrava aos empregados de sua missão e ideais compartilhados. A segunda parte dizia aos empregados o que podiam esperar, fornecendo mais detalhes sobre o plano de revitalização. Ela destacava que medidas drásticas e metas seriam necessárias, mas observava que as recomendações específicas baseavam-se, na maior parte, nos conselhos contidos no relatório Hunter, já analisado pelos empregados. A mensagem aos empregados era: "Vocês já viram e endossaram o relatório Hunter. O futuro não lhes reserva surpresas."

A terceira parte da carta antecipava e respondia preocupações em potencial; isto tinha o efeito de evitar objeções. Esta seção diagnosticava explicitamente planos anteriores e explicava suas deficiências, que se deviam muito ao fato de os planos terem sido impostos de cima para baixo, com pouca propriedade, aceitação ou discussão por parte dos empregados. Levy ofereceu uma interpretação direta do que não deu certo. Planos anteriores, segundo ele, não levaram em conta a dimensão do problema financeiro, definiram expectativas irreais para o novo crescimento da receita e não conseguiram testar propostas de implementação. Esta seção da carta também deixava clara a necessidade de mudança em nível mais profundo do que o vivenciado por empregados no passado. Ela destacava que este plano era um esforço bem mais coletivo do que propostas anteriores, pois ele incorporava muitas sugestões de empregados.

Ao estruturar a proposta de revitalização desta forma, Levy conseguiu duas coisas. Primeiro, foi capaz de convencer empregados de que o plano pertencia a eles. Segundo, a carta serviu como base para a plataforma de comunicação contínua. Levy aproveitava todas as oportunidades para reiterar seus pontos de vista, não apenas com empregados, mas também em reuniões públicas e em debates com a imprensa.

Gerenciamento do humor

Revitalizações são eventos deprimentes, especialmente quando elas envolvem a reestruturação e o downsizing. Relacionamentos sofrem o efeito disruptivo, amigos se separam e empregos desaparecem. Diante desse panorama, o gerenciamento do humor da organização torna-se uma habilidade de liderança essencial. Líderes precisam prestar muita atenção ao estado emocional dos empregados – a mudança em seus sentimentos e humor – e se empenhar para preservar um ambiente receptivo à mudança. Muitas vezes, isso exige uma ação equilibrada delicada para poder apresentar notícias boas e ruins na proporção certa. Empregados precisam sentir que seu sacrifício não foi em vão e que suas conquistas foram reconhecidas e recompensadas. Ao mesmo tempo, eles precisam ser lembrados de que a complacência não é uma opção. O desafio da comunicação é intimidador. A pessoa precisa descobrir a afinação certa de otimismo e realismo, e cuidadosamente calibrar o ritmo, o tom e o posicionamento de cada mensagem.

O desafio de Paul Levy se dividia em três partes: oferecer aos empregados remanescentes tempo para sofrer e se recuperar de demissões e outras medidas difíceis; levá-los a perceber que tinham a estima e o apoio de Levy; e garantir a continuidade do plano de revitalização a passo acelerado. O processo dependia da confiança mútua e do desejo dos empregados de serem bem-sucedidos. Levy disse: "Precisava calibrar o vaivém de elogios e pressão, mas também dependia do sistema de valores subjacentes do staff e de seu senso de missão. Eles eram indivíduos altamente motivados e zelosos, que permaneceram firmes em suas funções em cinco anos infernais. Eles queriam fazer o bem."

A primeira etapa era reconhecer os sentimentos de depressão dos empregados e, ao mesmo tempo, ajudá-los a olhar para o futuro. Logo após a primeira rodada de demissões, as pessoas estavam se sentindo apáticas e melancólicas; Levy sabia que uma liberação prematura da versão final do plano de revitalização, logo após as demissões, poderia ser encarada como uma atitude fria. Em e-mail enviado a todos os empregados, alguns dias depois, expressou sua solidariedade aos seus sentimentos ("esta é uma semana triste... é difícil para todos nós que ficamos... os escritórios nunca estiveram tão vazios"). Depois, implorou para que eles olhassem para o futuro e concluiu em tom de forte otimismo ("... nossa meta não é apenas a sobrevivência: precisamos prosperar e mostrar o que um centro médico acadêmico único como o nosso significa para esta região"). Suas palavras de otimismo foram reforçadas por uma dose de sorte naquele fim de semana, quando o time New England Patriots, que estava em desvantagem, venceu seu primeiro campeonato de Super Bowl, de forma dramática, nos últimos 90 segundos do jogo. Quando Levy voltou ao trabalho, na segunda-feira seguinte, os empregados diziam: "Se os Patriots conseguiram, nós também podemos conseguir."

A tarefa seguinte era manter os empregados focados no árduo trabalho que teriam pela frente. No dia 12 de abril, passados dois meses do início do processo de reestruturação, Levy enviou um e-mail com "Perguntas mais freqüentes", no qual dava uma visão geral favorável ao andamento até aquela data. Ao mesmo tempo, falou muito sobre a necessidade de controlar custos e lembrou que aumentos de salário por mérito permaneceriam temporariamente interrompidos. É claro que a maioria dos empregados não esperava encontrar um cenário tão otimista pela frente. Mas Levy acreditava que já havia se passado tempo suficiente para que encarassem a situação de forma mais realista e dura.

Um mês depois, tudo mudou. Os aperfeiçoamentos operacionais colocados em prática na primeira fase da revitalização começaram a sedimentar-se. O desempenho financeiro estava muito acima do orçamento, com os melhores resultados desde a fusão. Em outro e-mail, Levy fez pródigos elogios aos empregados. Ele também convocou uma série de fóruns com perguntas e respostas abertas, nos quais os empregados souberam de mais detalhes sobre o progresso tangível do hospital e ganharam renome por suas conquistas.

Reforçando bons hábitos

Sem dúvida, o desafio mais difícil enfrentado por líderes durante uma revitalização é evitar cair em rotinas disfuncionais – padrões habituais de comportamento negativo apresentados por indivíduos ou grupos que são disparados de forma automática e inconsciente por circunstâncias ou estímulos familiares. (Para saber mais sobre o funcionamento de tais padrões com efeito disruptivo, consulte o anexo intitulado "Rotinas disfuncionais: seis maneiras de interromper a mudança em seu percurso".) Empregados precisam ajudar a manter novos comportamentos, especialmente quando as antigas formas de trabalho já estão entranhadas e são altamente destrutivas. Líderes de mudança eficazes oferecem oportunidades para empregados praticarem os comportamentos desejados repetidamente e, ao mesmo tempo, modelar pessoalmente novas formas de trabalhar e oferecer coaching e apoio.

Em nossos estudos de revitalizações bem-sucedidas, descobrimos que líderes eficazes constantemente reforçam de maneira explícita valores organizacionais, utilizando ações para sustentar suas palavras. Sua meta é mudar o comportamento, e não apenas formas de pensamento. Por exemplo, um líder pode falar sobre valores como abertura, tolerância, civilidade, trabalho em equipe, delegação e comunicação direta em reuniões e e-mails. Mas a mensagem se sedimenta apenas quando ele também sinaliza que desaprova comportamentos com efeito disruptivo e divisivo, fazendo críticas diretas (se necessário, publicamente) a eles.

No Beth Israel Deaconess Medical Center, os chefes de medicina, cirurgia, ortopedia e outras funções-chave apresentaram a Levy desafios comportamentais específicos, sobretudo porque ele não era médico. Cada chefe-médico era essencialmente um minidiretor, o chefe de um departamento muito auto-suficiente, com sua própria faculdade, staff e recursos. Como pesquisadores acadêmicos, eram recompensados principalmente pelas conquistas pessoais. Sua experiência para resolver problemas de negócios e gerenciamento era limitada.

Ao lidar com os chefes, Levy adotou uma abordagem que se misturava a uma forte dose de disciplina com reforço público em tempo real. Desenvolveu diretrizes para o comportamento e insistiu que todos no hospital cumprissem suas exigências. Em um de seus primeiros encontros com os chefes, Levy apresentou um conjunto simples de "regras de reunião", incluindo chavões como "apresente suas objeções" e "discorde sem ser desagradável" e conduziu um debate sobre isso, demonstrando os comportamentos desejados através de sua própria liderança na reunião. O propósito dessas regras era apresentar novos padrões de comportamento interpessoal e, durante o processo, combater várias rotinas disfuncionais.

A competência de Levy para reforçar estas normas foi testada um mês e meio depois de sua nomeação como CEO. Após uma reunião do staff em que representantes de todos os departamentos estavam presentes, um chefe (que havia permanecido calado) enviou um e-mail a Levy reclamando sobre a decisão tomada durante a reunião. O e-mail foi enviado com cópia para outros chefes, bem como para o presidente do Conselho de Administração. Muitos CEOs prefeririam criticar pessoalmente esse comportamento. Mas Levy respondeu em um e-mail a esses mesmos indivíduos, denunciando publicamente o chefe pelo tom do seu discurso, pela sua falta de civilidade e pelo seu erro em não ter se pronunciado antes, durante o processo, conforme as exigências das novas regras de reunião. Isso foi equivalente a um enforcamento em praça pública. Muitos dos chefes expressaram pessoalmente seu apoio a Levy; eles também se sentiram ofendidos com o atrevimento do colega. Em sentido mais amplo, a crítica aberta serviu para reforçar muito as novas normas e, ao mesmo tempo, reprimir o comportamento de efeito disruptivo.

Rotinas disfuncionais

Seis maneiras de interromper a mudança em seu percurso

Assim como as pessoas são criaturas com hábitos, as empresas se baseiam em rotinas. Equipes de gerenciamento, por exemplo, rotineiramente, cortam orçamentos quando o desempenho desvia do planejado. As rotinas, que são comportamentos previsíveis e praticamente automáticos, são não-explícitas, autofortalecedoras e notadamente resilientes. Como levam a um processamento cognitivo mais eficaz, as rotinas são, em grande parte, funcionais e altamente desejáveis.

Rotinas disfuncionais, no entanto, são obstáculos à ação e à mudança. Algumas são comportamentos ultrapassados que já foram apropriados, mas que, agora, são inúteis. Outras manifestam-se em reações automáticas, passividade, ações tardias que se revelaram improdutivas e, às vezes, resistência ativa.

As rotinas disfuncionais são persistentes, mas não são imutáveis. A novidade (a percepção de que as circunstâncias atuais são realmente diferentes daquelas que prevaleceram antes) é uma das forças mais poderosas para reposicionar rotinas. Para superar rotinas, líderes precisam indicar claramente que o contexto mudou. Eles precisam trabalhar de forma diferente como empregados para reconhecer e publicamente analisar rotinas disfuncionais e substituir comportamentos desejados.

A cultura do "não".

Em empresas dominadas por cínicos e críticos, sempre há um bom motivo para não fazer nada. O acúmulo de críticas é uma ótima desculpa para evitar assumir riscos e alegar falsa superioridade. Foi Lou Gerstner quem deu um nome a esta rotina, que descobriu ao chegar na IBM, mas ela é comum em várias empresas. Outro CEO descobriu a reação da sua equipe a novas iniciativas ao compará-las a um tiro ao prato. "Uma pessoa gritaria 'Dispare!', haveria um estrondo ensurdecedor e logo a idéia estaria espatifada no chão." Esta rotina tem dupla origem: uma cultura que valoriza excessivamente a crítica e a análise, e processos complexos de tomada de decisão que exigem múltiplas aprovações, em que qualquer pessoa pode dizer "não", mas ninguém pode dizer "sim". Isso tem grande probabilidade de ocorrer em organizações que estão divididas em grandes subunidades ou segmentos, conduzidas por líderes locais com enorme poder, que muitas vezes não estão dispostos a cumprir as ordens impostas por níveis superiores.

Mesmo que eles definam expectativas e reforcem comportamentos, líderes de mudança eficazes reconhecem que vários empregados simplesmente não sabem como tomar decisões em grupo e trabalhar em cooperação. Ao delegar decisões e respon-

Para obter a aprovação o espetáculo precisa continuar.
Algumas empresas valorizam tanto o processo que acabam confundindo meios e fins, forma e conteúdo. A maneira como você apresenta uma proposta se torna mais importante do que o que você propõe. Gerentes criam cuidadosamente apresentações e dedicam grande parte do seu tempo à obtenção de aprovações. O resultado é a morte através do PowerPoint. Apesar da aparência de progresso, há pouco avanço real.

O gramado do vizinho é sempre mais verde.
Para evitar enfrentar os desafios em seus negócios principais, alguns gerentes buscam novos produtos, novos serviços e novas linhas de negócios. Às vezes, essa diversificação é saudável. Mas, muitas vezes, tais esforços são apenas uma tática para manter bem distantes os problemas difíceis.

Quando termina a reunião, começam as discussões.
Em geral, é difícil identificar esta rotina, pois grande parte dela ocorre de forma oculta. Reuniões cordiais, aparentemente cooperativas, são seguidas de resistência. Às vezes, os resistentes se protegem; em geral, ignoram completamente fóruns estabelecidos e submetem suas preocupações diretamente à alta gerência. Qual é o resultado? A política triunfa sobre a substância, as reuniões de staff se tornam rituais vazios e a intromissão passa a ser a norma.

Preparar, apontar, apontar...
Aqui, o problema é a incapacidade de a empresa definir uma ação definitiva. Membros do staff geram um contínuo fluxo de propostas e relatórios; gerentes tentam manipular uns aos outros, ajustando suas escolhas sem conseguir chegar a uma decisão. Este padrão costuma ser chamado de "paralisação da análise"; ele é comum em culturas perfeccionistas, nas quais erros são vistos como ameaça à carreira e as pessoas que perturbam o status quo morrem afogadas.

Isto também vai passar.
Em empresas nas quais os líderes anteriores anunciaram repetidas vezes um estado de crise, mas depois fizeram algumas mudanças substanciais, empregados tendem a ser indiferentes. Em situações como esta, eles desenvolvem mentalidade fechada, concentrada, e resistência em cumprir ordens da gerência. A maioria acredita que a decisão mais sábia é ignorar as novas iniciativas, utilizar uma solução temporária ou aguardar até que as coisas se resolvam.

---

sabilidades importantes, um líder pode estar oferecendo aos empregados uma grande oportunidade de praticar novas maneiras de trabalhar; em tais casos, o desempenho dos empregados deve ser avaliado com base na sua aderência aos novos padrões e processos e também nas suas escolhas essenciais. Com este espírito, Levy decidiu pensar em si próprio primeiramente como uma espécie de juiz do tribunal de apelação. Quando empregados vieram procurá-lo para pedir sua intervenção em determinada questão ou situação, ele explicou que "analisaria o processo utilizado pelo 'tribunal de primeira instância' para determinar se ele seguiu as regras. Em caso afirmativo, a decisão seria mantida". Ele não analisou novamente os casos, nem substituiu o julgamento por aquele do departamento ou unidade individual. Insistiu para que os empregados aprendessem a lidar sozinhos com situações difíceis, mesmo quando não estivessem dispostos a fazê-lo, em vez de contar com ele para dizer o que fazer. Em outros tempos, ele intervinha pessoalmente e orientava empregados quando lhes faltavam as habilidades básicas. Quando dois membros de seu staff discordavam sobre o tipo de ação proposta, Levy iniciava uma discussão emocional aberta e, depois, trabalhava com os participantes e seus chefes em segredo para eliminar as diferenças. Na reunião seguinte do staff, elogiou a disposição dos participantes em discordar publicamente, destacando novamente que o debate vigoroso era saudável e desejável, e que o confronto não deveria ser evitado. Dessa forma, empregados aprenderam a lidar com seus problemas sozinhos.

O desempenho, evidentemente, é a melhor medida de uma revitalização bem-sucedida. A esse respeito, a BIDMC se saiu muito bem desde que Levy assumiu o comando. O plano de reestruturação original exigia um processo de aperfeiçoamento de três anos, passando de uma perda de $58 milhões, em 2001, para um saldo zerado, em 2004. No final do ano fiscal de 2004, o desempenho estava bem melhor do que o planejado. O hospital relatava ganho líquido de $37,4 milhões nas operações. A receita subiu, enquanto os custos caíram muito. A tomada de decisões agora era mais clara e receptiva, embora houvesse pouca mudança no staff sênior ou na liderança médica do hospital. O moral, naturalmente, estava alto. Para dar um exemplo de indicador, vejamos a rotatividade anual de enfermeiras, que girava em torno de 15% a 16% quando Levy se tornou CEO, e caiu para 3% em meados de 2004. Satisfeito com o desempenho do hospital, o Conselho de Administração assinou um novo contrato de mais três anos com Levy.

Os 3Hs: Head, Heart and Hands*

Fica claro que o segredo do sucesso de Paul Levy no Beth Israel Deaconess Medical Center é que ele compreendeu a importância de garantir que o solo cultural estivesse pronto para plantar as sementes da mudança. Em um ambiente receptivo, empregados não apenas compreendem por que a mudança é necessária, mas também estão emocionalmente comprometidos em fazer isso acontecer, e executam com convicção as etapas necessárias.

Em nível cognitivo, empregados em ambientes receptivos têm mais capacidade de deixar de lado a concorrência, as visões da natureza sem fundamento e a extensão dos problemas enfrentados pelas empresas. Mantêm suas visões objetivas sobre as causas do mau desempenho. Reconhecem a gravidade das dificuldades financeiras, operacionais e de mercado. E assumem a responsabilidade pelas próprias contribuições para esses problemas. Este é um diagnóstico compartilhado, baseado em fatos, e crucial para poder seguir em frente.

**Nota da Tradutora*: O 4-H era uma organização patrocinada pelo Departamento de Agricultura Norte-Americano, que oferecia instrução em agricultura e economia doméstica. O nome "4-H" passou a ser amplamente usado após a Primeira Guerra Mundial; os Hs representam *head, heart, hands* e *health*, ou seja, cabeça, coração, mãos e saúde. O lema *Head, Hand and Heart*, criado por Charles Voysey, tornou-se o lema da Sociedade de Designers, em 1896. Essas três palavras são essenciais para a compreensão do mundo das artes: a cabeça (*head*) representa a criatividade e a imaginação; a mão (*hand*) representa a habilidade e o talento; o coração (*heart*) representa a honestidade e o amor. No Brasil, era chamado 4S (saber, sentir, saúde e servir).

Em nível emocional, empregados em um ambiente receptivo se identificam com a empresa e seus valores, e estão comprometidos com sua contínua existência. Acreditam que a empresa se propõe a algo mais do que rentabilidade, participação no mercado ou desempenho no mercado de ações e, portanto, vale a pena investir nela. Igualmente importante é o fato de confiarem no líder, pois acreditam que ele compartilha dos seus valores e lutará para preservá-los. Líderes parecem conseguir mais aceitação por parte dos empregados (que costumam acreditar nas boas intenções das propostas deles) quando agem com o coração.

Trabalhadores em tais ambientes também têm experiência física, prática, com os novos comportamentos esperados deles. Eles viram de perto as mudanças que estão ocorrendo e conhecem o terreno no qual estão pisando. Em um ambiente como esse, onde é aceitável que empregados reflitam sozinhos sobre as decisões a serem tomadas e adotem formas incomuns de trabalho, um líder pode abrandar medos irracionais e cortar pela raiz os mitos que tantas vezes acompanham grandes esforços de mudança.

Líderes podem extrair uma lição poderosa de tudo isso. Para criar um ambiente receptivo, deve-se utilizar a persuasão como ferramenta básica. A persuasão promove a compreensão; a compreensão propicia a aceitação; a aceitação leva à ação. Sem persuasão, até mesmo o melhor plano de revitalização não consegue criar raízes.

Originalmente publicado em fevereiro de 2005
Reimpressão R0502F

Momentos de grandeza

Entrando no estado fundamental de liderança

ROBERT E. QUINN

Resumo executivo

QUANDO FAZEMOS O MELHOR COMO LÍDERES, não estamos imitando outras pessoas. Estamos recorrendo aos nossos valores e capacidades. Entramos no que o autor Robert Quinn chama *estado fundamental de liderança*. Este é um estado de espírito que tendemos a adotar quando enfrentamos um desafio significativo: uma oportunidade de promoção, o risco de fracasso profissional, uma doença grave, um divórcio, a morte de um ente amado, ou qualquer outro episódio de grande impacto em sua vida. Em momentos de crise, descobrimos dentro de nós as habilidades necessárias para lidar com a situação.

Mas não precisamos penetrar no lado escuro da alma para atingir este estado fundamental. Podemos fazer a transformação a qualquer momento; basta que façamos e respondamos com sinceridade a nós mesmos estas quatro perguntas transformadoras:

Estou focado em resultados? (Estou disposto a sair da minha zona de conforto para fazer as coisas acontecerem?)

Estou voltado para o interior? (Estou me comportando de acordo com meus valores em vez de me sujeitar a pressões sociais e políticas?)

Estou focado nos outros? (Estou colocando o bem coletivo acima de minhas próprias necessidades?)

Estou aberto ao exterior? (Sou receptivo a estímulos externos que podem indicar a necessidade de mudança?)

Quando a resposta a estas perguntas é afirmativa, significa que estamos preparados para liderar no verdadeiro sentido da palavra.

É CLARO QUE NÃO PODEMOS manter o estado fundamental de liderança indefinidamente. O cansaço e a resistência externa acabam nos tirando dessa posição. Mas, cada vez que atingimos esse estado, podemos voltar ao nosso normal um pouco mais capazes e, em geral, estimulamos o desempenho das pessoas à nossa volta. Com o tempo, criamos uma cultura de alto desempenho que *pode* ser mantida.

Como líderes, às vezes, estamos realmente "ligados", outras vezes não. Por quê? O que separa os episódios de excelência daqueles de mera competência? Ao buscarmos encontrar o equilíbrio rumo à excelência, tentamos identificar as qualidades e os comportamentos dos grandes líderes para podermos nos desenvolver. Quase todos os programas de treinamento corporativo e livros sobre liderança estudam os comportamentos das pessoas bem-sucedidas, além de nos ensinar a imitá-las.

Mas meus colegas e eu descobrimos que quando líderes realizam seu melhor trabalho, não copiam ninguém. Em vez disso, se baseiam nos próprios valores e competências fundamentais – operam em um estado de espírito que, apesar de ser verdadeiro para eles, paradoxalmente, não traduz seu estado normal de ser. Chamo esse estado de espírito de *estado fundamental de liderança*. É dessa forma que lideramos quando encontramos uma crise e, finalmente, decidimos prosseguir. Pense em um momento de sua vida em que se viu diante de um grande desafio: uma oportunidade de promoção, o risco de fracasso profissional, uma doença grave, um divórcio, a morte de um ente amado ou qualquer outro episódio de grande impacto em sua vida. É bem provável

Segundo, deixamos de focar o exterior e nos voltamos mais para o interior. Isso significa que paramos simplesmente de concordar com as expectativas dos outros e de aceitar a cultura vigente. Voltar-se mais para o interior significa esclarecer nossos valores essenciais e aumentar nossa integridade, confiança e autenticidade. À medida que ficamos mais confiantes e autênticos, passamos a nos comportar de maneira diferente. Outras pessoas perceberão nosso novo comportamento. Algumas ficarão encantadas, outras se sentirão ofendidas. Isso é perfeitamente aceitável: quando somos fiéis aos nossos valores, estamos dispostos a iniciar este conflito.

Terceiro, deixamos de nos voltar para nós mesmos e ficamos mais focados nos outros. Colocamos as necessidades da organização como um todo acima das nossas. Poucos de nós somos capazes de admitir que as necessidades pessoais superam o bem coletivo, mas o impulso de controlar relacionamentos como forma de alimentar nossos próprios interesses é natural e normal. Dito isso, o foco em si mesmo, com o tempo, leva a uma sensação de isolamento. Quando colocamos o bem coletivo em primeiro lugar, os outros nos recompensam com sua confiança e seu respeito. Criamos laços mais estreitos e sensíveis. A empatia aumenta, resultando em maior coesão. Criamos um senso enriquecido de comunidade e isso nos ajuda a superar os conflitos, elemento necessário em organizações de alto desempenho.

Quarto, ficamos mais abertos a sinais ou estímulos externos, incluindo aqueles que exigem de nós modos de agir com os quais não nos sentimos confortáveis. No estado normal, prestamos atenção a sinais que sabemos que são relevantes. Quando eles sugerem ajustes incrementais, nós os fazemos. Mas, quando solicitam mudanças mais drásticas, podemos ficar na defensiva e manter uma postura de negação; este modo de autoproteção e autodecepção nos separa do mundo externo que está em constante mutação. Vivemos de acordo com uma imagem desatualizada e menos válida do que é real. Mas, no estado fundamental de liderança, estamos mais conscientes do que está se desdobrando, além de gerarmos novas imagens o tempo todo. Somos adaptáveis, críveis e únicos. Nesse estado aberto externamente, não encontramos duas pessoas iguais.

Estas quatro qualidades – focado em resultados, voltado para o interior, focado nos outros e aberto ao exterior – são a base da influência humana positiva, que é generativa e atrativa. Uma pessoa sem essas quatro características também pode ser altamente influente, mas sua influência tende a se basear em alguma forma de controle ou força, o que não costuma dar origem a seguidores comprometidos. Ao entrar no estado fundamental de liderança, aumentamos a probabilidade de atrair outros para um nível elevado de comunidade, um estado de alto desempenho que pode continuar mesmo quando não estamos presentes.

Preparação para o estado fundamental

Como as pessoas não costumam deixar suas zonas de conforto, a menos que forçadas a fazê-lo, muitos consideram útil seguir um processo quando decidem entrar no estado fundamental de liderança. Ensino uma técnica a executivos e utilizo-a em meu próprio trabalho. Ela simplesmente requer que a pessoa faça quatro perguntas de conscientização com o intuito de nos ajudar a transcender nossos próprios mecanismos naturais de negação. Quando as pessoas se conscientizam de suas hipocrisias, ficam mais propensas a mudar. Aqueles que ainda não estão familiarizados com o conceito de "estado fundamental", contudo, precisam seguir duas etapas preliminares para poder compreender e empregar esse conceito.

Etapa 1: Reconheça que você já entrou antes no estado fundamental de liderança. Todo leitor desta publicação já alcançou, pelo menos uma vez na vida, o estado fundamental de liderança. Todos nós já enfrentamos um grande desafio pessoal ou profissional e passamos algum tempo no lado escuro da alma. Quando conseguimos superar bem tais episódios, inevitavelmente entramos no estado fundamental de liderança.

Quando apresento este conceito às pessoas, peço que identifiquem duas experiências do passado que tenham exigido muito delas e que pensem no que ocorreu em termos de intenção, integridade, confiança e adaptabilidade. A princípio, elas resistem ao exercício, pois estou pedindo que revivam momentos de grande sofrimento pessoal. Mas, à medida que recontam suas experiências, começam a perceber que também estão retornando a momentos de grandeza. Nossas experiências dolorosas costumam revelar o melhor de nós. Relembrar as lições de tais momentos libera emoções positivas e torna mais fácil enxergar o que é possível no presente. Neste exercício, peço às pessoas para observar seu comportamento durante esses episódios em relação às características do estado fundamental de liderança. (Consulte o quadro "Você já passou por isto" para obter análises de dois episódios reais.)

Às vezes, também peço aos participantes do workshop que compartilhem suas histórias entre si. Naturalmente, eles hesitam em falar sobre estes momentos difíceis. Para ajudá-los a se abrir, compartilho meus próprios momentos de grande desafio, aqueles que normalmente eu guardaria só para mim. Ao mostrar minha vulnerabilidade, consigo ganhar a confiança do grupo e incentivar outras pessoas a exercitar a mesma coragem. Recentemente, realizei um workshop com um grupo de executivos. Quando consegui quebrar o gelo do testemunho, um dos participantes nos revelou um momento no qual aceitara um novo emprego que exigiu a transferência de sua família. Um pouco antes de começar a assumir a nova função, seu novo chefe ligou para ele em pânico pedindo que abreviasse as férias e começasse a trabalhar imediatamente. A equipe inteira de engenharia de New England havia saído da empresa; os clientes da região não tinham apoio. O executivo assumiu o emprego antes do previs-

Você já passou por isto

Dois participantes de um workshop sobre liderança na Ross School of Business da Universidade de Michigan utilizaram esta ferramenta de auto-avaliação para descobrir como transcenderam os grandes desafios da vida ao entrar no estado fundamental de liderança. Você pode utilizar a mesma abordagem para analisar como conseguiu vencer os desafios mais marcantes da sua vida.

	Participante A	Participante B
A crise crucial:	Fui incumbido de assumir um trabalho que era crucial para a empresa mas que estava acima de minhas capacidades. Precisei forçar pessoas a fazer coisas que não queriam.	Estava me tornando uma pessoa severa no trabalho e as coisas só pioravam em casa. Finalmente, minha esposa pediu o divórcio.
Como ficou mais focado em resultados?	Por mais que tentasse fugir das tarefas solicitadas, não suportava a culpa que sentia por fazer isso. Finalmente, decidi que precisava mudar. Procurei imaginar como seria obter sucesso e me comprometi a fazer quaisquer mudanças necessárias.	Senti que tinha perdido tudo: família, riqueza e status. Comecei a me afastar das pessoas. Comecei a beber muito. Finalmente, busquei ajuda profissional para aliviar minha dor e, com a orientação certa, pude avaliar melhor meus valores e fazer escolhas para meu futuro.
Como se voltou mais para o interior?	Parei de me preocupar tanto com a avaliação e o julgamento de outras pessoas em relação a mim. Comecei a agir segundo meus próprios valores. Passei a me sentir mais auto-energizado do que antes e percebi como me deixei levar pelo medo.	Entrei em um processo de auto-reflexão e comecei a fazer anotações em diários. Ficou claro que casamento, riqueza e status não me definiam como pessoa. Eu era mais do que isso. Comecei a me concentrar em como poderia fazer diferença para as outras pessoas. Fiquei mais envolvido em minha comunidade.
Como ficou mais focado nos outros?	Percebi como precisava das pessoas e passei a me preocupar mais com elas. Tornei-me um melhor ouvinte. Não falava mais apenas sobre o que se passava na minha mente, mas também sobre o que sentia em meu coração. A reação de meus colegas foi positiva. Hoje, ainda estou próximo a essas pessoas.	Quando comecei a crescer e me sentir mais autoconfiante, meu relacionamento com as pessoas melhorou. No trabalho, hoje, exijo muito mais das pessoas do que antes, mas também dou muito mais apoio a elas. Eu me importo com as pessoas e elas sabem disso.
Como se tornou mais aberto ao exterior?	Experimentei novas abordagens. Em geral, elas não funcionavam, mas mantinham o brainstorming em ação. Fiquei atento a todos os tipos de feedback. Queria muito fazer a coisa certa. Foi um período de muitas descobertas. Cada etapa vencida foi motivo de comemoração.	Comecei a me sentir mais forte. Ficava menos intimidado quando as pessoas davam um feedback negativo. Talvez isso se deva ao fato de que eu estava com menos medo de mudar e crescer.

to e sua família precisou se virar para fazer a mudança sem sua ajuda. Ele descreveu os meses seguintes como "a pior e a melhor experiência" da sua vida.

Outro executivo revelou que descobriu que estava com câncer na mesma semana em que foi promovido e transferido para Paris, sem saber falar francês. Sua voz embargou quando começou a se lembrar destes eventos estressantes. Mas, depois, ele nos contou sobre o lado positivo dessa experiência – como venceu a doença, assumiu o trabalho e, ao mesmo tempo, conseguiu se tornar um líder mais autêntico e influente.

Outros também decidiram contar suas próprias histórias e percebi uma grande mudança no grupo. A resistência e o cinismo iniciais começaram a desaparecer. Os participantes começaram a explorar o estado fundamental de liderança com seriedade. Perceberam o poder do conceito e reconheceram que esconder-se atrás do orgulho ou da reputação só serviria para atrapalhar o progresso futuro. Ao recontar suas experiências, deram-se conta de que haviam se tornado mais orientados a metas, autênticos, compassivos e receptivos.

Etapa 2: Analise seu estado atual. Quando estamos no estado fundamental, assumimos várias características positivas, como clareza de visão, auto-energização, empatia e pensamento criativo. (Consulte o quadro "Você está no estado fundamental de liderança?" para obter uma lista de verificação organizada nas quatro dimensões.) A maioria de nós gostaria de dizer que possui estas quatro características o tempo todo, mas isso só ocorre esporadicamente.

A comparação entre nosso desempenho normal e nosso melhor desempenho costuma criar um desejo de elevar o que estamos fazendo agora. Saber que operamos em um nível superior no passado desperta a confiança de que podemos fazer isso novamente; isso acaba com nosso medo de penetrar em território desconhecido e arriscado.

Você está no estado fundamental de liderança?

Pense em quando você atingiu o estado fundamental de liderança – ou seja, quando estava no seu melhor momento como líder – e utilize esta lista de verificação para identificar as qualidades que você possuía. Depois, marque os itens que descrevem seu comportamento hoje. Compare o passado com o presente. Se houver uma diferença significativa, que mudanças você precisará fazer para voltar ao estado fundamental?

No meu melhor momento, eu estava...	**Hoje eu estou...**	
		Focado em resultados
______	______	Sabendo o resultado que gostaria de gerar
______	______	Mantendo padrões altos
______	______	Iniciando ações
______	______	Desafiando pessoas
______	______	Rompendo o *status quo*
______	______	Captando a atenção das pessoas
______	______	Sentindo um senso de propósito compartilhado
______	______	Iniciando conversas urgentes
		Voltado para o interior
______	______	Operando a partir de meus valores essenciais
______	______	Descobrindo motivação interna
______	______	Sentindo-me auto-energizado
______	______	Liderando com coragem
______	______	Trazendo à tona conflitos ocultos
______	______	Expressando aquilo em que realmente acredito
______	______	Sentindo um senso de realidade compartilhada
______	______	Iniciando conversas autênticas
		Focado nos outros
______	______	Sacrificando interesses pessoais em nome do bem comum
______	______	Enxergando o potencial em qualquer pessoa
______	______	Confiando nos outros e incentivando a interdependência
______	______	Compreensivo em relação às necessidades das pessoas
______	______	Expressando preocupação
______	______	Apoiando pessoas
______	______	Sentindo um senso de identidade compartilhada
______	______	Iniciando conversas participativas
		Aberto ao exterior
______	______	Arriscando-me diante da incerteza
______	______	Receptivo ao feedback
______	______	Prestando muita atenção na evolução das coisas
______	______	Aprendendo de forma exponencial
______	______	Atento às novas oportunidades
______	______	Crescendo continuamente
______	______	Sentindo um senso de contribuição compartilhada
______	______	Iniciando conversas criativas

É importante fazer quatro perguntas transformadoras

Uma coisa é compreender o estado fundamental de liderança e reconhecer o poder que ele tem; outra coisa é vivenciar isso. Só quando você de fato entra neste estado é que percebe seu real significado. Para iniciar, podemos fazer quatro perguntas a nós mesmos que correspondem às quatro qualidades do estado fundamental.

Para mostrar como cada uma dessas qualidades afeta nosso comportamento enquanto estamos no estado fundamental de liderança, procurei me basear nas histórias de dois executivos. Um deles é presidente de uma empresa; nós o chamaremos de John Jones. O outro, Robert Yamamoto, é o diretor-executivo da Los Angeles Junior Chamber of Commerce (LAJCC). Ambos já tiveram de vencer grandes desafios que mudaram sua forma de pensar sobre seus empregos e suas vidas.

Encontrei John em um curso para executivos que eu estava ministrando. Ele era um bem-sucedido líder da mudança que conseguira revitalizar duas empresas em sua corporação. Mas, mesmo assim, estava frustrado. Prometeu a si mesmo que se tornaria presidente da maior empresa da corporação assim que o então presidente se aposentasse, o que estava prestes a acontecer. Na mesma época, pediram que permanecesse em uma empresa que todos consideravam morta. Basicamente, ele só ficaria encarregado do funeral da empresa, mas encarou isso como um desafio pessoal de revitalizar a empresa. Passados nove meses de sua gestão, contudo, houve pouca melhoria e as pessoas ainda não estavam muito envolvidas.

No caso de Robert, ele estava conseguindo obter resultados que considerava aceitáveis (ou talvez excepcionais) na sua empresa. Então, quando o novo presidente do Conselho de Administração pediu-lhe que preparasse uma carta de demissão, Robert ficou surpreso. Passou por um período de introspecção angustiante, durante o qual começou a desconfiar das pessoas e questionar suas próprias habilidades gerenciais e capacidade de liderança. Preocupado com sua família e seu futuro, começou a procurar outro emprego e escreveu a carta solicitada.

Como veremos a seguir, porém, apesar de tudo parecer desagradável para Robert e John, eles estavam à beira da mudança positiva.

ESTOU FOCADO EM RESULTADOS?

A maior parte do tempo estamos focados no conforto. Tentamos continuar fazendo aquilo que sabemos como fazer. Talvez acreditemos que estamos buscando novos resultados, mas, se precisarmos sair das nossas zonas de conforto para atingi-los, de forma sutil (e até inconsciente), encontraremos maneiras de evitar fazer isso. Costumamos defender resultados ambiciosos e, ao mesmo tempo, projetar o máximo de conveniência administrativa para nosso trabalho, o que nos permite evitar conflitos, mas costuma levar à reprodução do que já existe. Em geral, os outros compactuam conosco para expressar esta decepção. Parece que estar focado no conforto é algo hipocrítico, autodecepcionante e normal.

O esclarecimento do resultado a ser criado exige que reorganizemos nossas vidas. Em vez de nos distanciarmos de um problema, caminhamos em direção a uma possibilidade que ainda não existe. Ficamos mais proativos, intencionais, otimistas, comprometidos e persistentes. Também tendemos a nos tornar mais energizados e nosso impacto sobre os outros torna-se energizante.

Pense no que aconteceu com John. Quando falei com ele pela primeira vez, ele apresentou sua estratégia com pouco entusiasmo. Ao perceber a falta de paixão, fiz uma pergunta com o intuito de testar seu comprometimento com o fim que alegava desejar obter:

Que tal dizer a verdade ao seu pessoal? Digamos que dissesse a eles que ninguém espera realmente que você tenha êxito; que você foi designado para ser vigia por 18 meses, e que lhe prometeram uma colocação melhor na empresa assim que concluir sua atribuição. Mas você decide dizer a eles que prefere abrir mão dessa colocação melhor e apostar sua carreira nas pessoas presentes. Então, por causa da sua postura de otimismo recém-adquirida para os clientes em potencial, você apresenta alguns desafios que vão além da capacidade de seus funcionários.

Para minha surpresa, John respondeu que estava começando a pensar da mesma forma. Ele pegou um guardanapo e rapidamente esquematizou uma nova estratégia junto a um plano para aplicá-la, incluindo novas atribuições para seu staff. Ela era clara e convincente. De repente, ele estava cheio de energia.

O que aconteceu? John era o presidente da empresa onde trabalhava e, portanto, tinha autoridade. Havia revitalizado duas outras empresas – evidência de que tinha o conhecimento e as competências de um líder da mudança. Mas estava falhando como líder da mudança. Isso estava ocorrendo porque John caiu na armadilha de sua zona de conforto. Estava seguindo os bons ventos, repetindo o que havia funcionado em outros locais. Ele estava imitando um grande líder – neste caso, o próprio John. Mas a imitação não é a forma indicada para entrar no estado fundamental de liderança. Se eu tivesse acusado John de não estar comprometido com uma visão real, ele ficaria furioso. Teria tentado de todas as formas negar a verdade. Minha função era conduzi-lo na direção certa. Assim que ele visualizou o resultado que desejava criar e se comprometeu em atingi-lo, surgiu uma nova estratégia e foi reenergizado.

Depois, apareceu Robert, que compareceu ao que ele acreditava ser sua última reunião com o Conselho de Administração, mas descobriu que tinha mais apoio do que supostamente teria. Surpreendentemente, no final da reunião, ele não perdeu o emprego. Mesmo assim, esta mudança fortuita levou a uma maior pesquisa da alma. Robert começou a prestar mais atenção no que fazia; e começou a perceber sua tendência a ser tático e a gravitar em direção a tarefas rotineiras. Concluiu que estava gerenciando, e não liderando. Estava desempenhando um papel e abdicando da liderança para transferi-la para o presidente do Conselho de Administração – não porque esta pessoa tinha o conhecimento e a visão para liderar, mas porque a posição vinha com o direito estatutário de liderar. Robert disse: "De repente, decidi realmente liderar minha empresa. Parecia que uma nova pessoa havia surgido. A decisão não foi tomada para me beneficiar. Eu precisava fazer isso pelo bem da empresa."

Ao decidir "realmente liderar", Robert começou a identificar os resultados estratégicos que desejava criar. Ao fazer isso, conseguiu sair de sua zona de conforto – apresentando novas formas de comportamento e gerenciando novos resultados.

ESTOU VOLTADO PARA O INTERIOR?

No estado normal, aceitamos pressões sociais para evitar conflitos e permanecer conectados com nossos colegas de trabalho. Entretanto, acabamos nos sentindo menos conectados, pois quando evitamos o conflito, isso resulta em comprometimento político. Começamos a perder nossa exclusividade e nosso senso de integridade. O plano muda gradualmente: não queremos mais criar um resultado externo, mas sim preservar a paz política. À medida que esse problema aumenta, começamos a perder a esperança e a energia.

Esta perda ficou logo visível no caso de John. Ele era a estrela-guia da corporação. Mas, como estava pelo menos parcialmente focado na recompensa futura (ou seja, um emprego melhor), não estava totalmente focado em trabalhar tanto naquele momento. Então, não exigiu tanto das pessoas que estava liderando. Para obter mais delas, John precisava de maior foco interno.

ESTOU FOCADO NOS OUTROS?

É difícil admitir, mas na maior parte do tempo colocamos nossas próprias necessidades acima das do grupo. Na realidade, é saudável fazer isso; trata-se de um mecanismo de sobrevivência. Mas, na busca de nossos próprios interesses, destruímos a confiança dos outros em nós. Embora possam até concordar com nossos desejos, as pessoas passam a não obter energia de seus relacionamentos conosco. Com o tempo, tendemos a nos afastar do apoio social que buscamos.

Tornar-se mais focado nos outros significa comprometer-se com o bem coletivo em relacionamentos, grupos ou organizações, mesmo que isso signifique envolver custos pessoais. Quando John optou pelo estado fundamental de liderança, comprometeu-se com um futuro incerto para si. Ele fez a troca com a promessa de que ocuparia um cargo altamente cobiçado. Bastava aguardar alguns meses. Mesmo assim, estava infeliz. Então, decidiu recusar a oportunidade e optar por um curso que tinha maior relação com seus valores de liderança. Ao mudar de rumo, sacrificou sua segurança pessoal em nome de um bem maior.

Lembre-se das palavras de Robert: "Não tomei a decisão pensando em mim. Precisava fazer isto pelo bem da organização." Após entrar no estado fundamental de liderança, propôs uma nova direção estratégica para o presidente do Conselho de Administração e disse que, se o Conselho não a aprovasse, ele sairia da empresa sem arrependimentos. Ele sabia que a estratégia beneficiaria a organização, independente de como ela o afetaria pessoalmente. Robert colocou o bem da organização em primeiro lugar. Quando um líder faz isso, as pessoas notam, e o líder conquista respeito e confiança. Membros do grupo, por sua vez, ficam mais propensos a colocar o coletivo em primeiro lugar. Quando eles fazem isso, tarefas que antes pareciam impossíveis se tornam viáveis.

ESTOU ABERTO AO EXTERIOR?

Estar fechado aos estímulos externos tem a vantagem de manter a pessoa concentrada em suas tarefas, mas isso também nos permite ignorar sinais que sugerem a necessidade de mudança. Tais sinais têm o poder de nos forçar a ceder o controle e enfrentar o risco. Então, negá-los é uma forma de autoproteção, mas isso também é autodecepcionante. John se convenceu de que fez tudo o que pôde por sua empresa em crise, mas no fundo sabia que tinha a capacidade de fazer algo para melhorar a situação. Robert também se manteve em uma posição autodecepcionante até que crises e oportunidade renovada o levaram a se abrir e explorar o fato de que estava desempenhando uma função que lhe concedia isso, mas não estava utilizando seu conhecimento e competência emocional para transcender essa função e verdadeiramente liderar seu pessoal.

Quando perguntamos a nós mesmos se estamos externamente abertos, tiramos o foco do controle sobre nosso ambiente e passamos a nos concentrar na aprendizagem. Isso nos ajuda a reconhecer a necessidade de mudança. Duas coisas ocorrem como conseqüência. Primeiro, somos forçados a improvisar em resposta às pistas antes irreconhecíveis – ou seja, partimos de rotinas estabelecidas. Segundo, como a sobrevivência tentativa-e-erro exige uma visão precisa dos resultados que estamos criando, buscamos de forma ativa e genuína um feedback sincero. Como as pessoas confiam mais em nós quando estamos neste estado, elas tendem a oferecer mais feedback preciso, pois compreendem que estamos propensos a aprender com a mensagem em vez de matar o mensageiro. Um ciclo de aprendizagem e empowerment é criado, permitindo que enxerguemos coisas que as pessoas normalmente não conseguem ver e que formulemos estratégias transformacionais.

Aplicação dos princípios fundamentais

Assim como ensino aos outros sobre o estado fundamental de liderança, também tento aplicar o conceito em minha própria vida. Eu era líder de equipe em um projeto do Executive Education Center da Universidade de Michigan. O centro costuma oferecer cursos de uma semana com a participação de 30 a 40 executivos. Foi proposto que desenvolvêssemos um novo produto, uma semana integrada de perspectivas sobre liderança. C.K. Prahalad começaria com uma perspectiva estratégica. Em seguida, Noel Tichy, Dave Ulrich, Karl Weick e eu faríamos nossas próprias apresentações. O objetivo era lotar um auditório de 400 lugares. Como cada apresentador tinha um grande número de adeptos em algum domínio do mundo executivo, estávamos confiantes de que conseguiríamos preencher os assentos. Então, fizemos uma programação para o mês de julho, época em que nossas instalações costumavam ser menos utilizadas.

Nos primeiros meses de planejamento e organização, tudo deu certo. Um consultor de marketing havia dito que poderíamos garantir metade das inscrições três semanas antes do evento. Quando este período se esgotou, um pouco menos da metade do público-alvo já estava inscrito. Então, pensamos que tudo estava bem. Mas, depois, outro consultor indicou que, para nosso tipo de evento, obteríamos algumas inscrições adicionais nas últimas três semanas. Essa previsão surpreendente significava que a participação seria metade do que havíamos previsto e que teríamos sorte de zerar o saldo.

Como líder de equipe, pude prever os efeitos negativos. Os membros da nossa faculdade, acostumados a encontrar a sala cheia, ficariam ofendidos ao encontrar uma sala com apenas metade dos lugares ocupados; o reitor iria querer saber o que houve de errado; e o staff do centro provavelmente culparia o líder de equipe. Naquela noite, fiquei andando de um lado para o outro por várias horas. Estava apreensivo e envergonhado. Finalmente, disse a mim mesmo que esse tipo de comportamento não levaria a nada. Fui até minha mesa de trabalho e escrevi as quatro perguntas sobre um papel. Ao refletir sobre elas, cheguei à conclusão de que eu estava focado no conforto, voltado para o exterior, voltado para mim mesmo e internamente fechado.

Então, perguntei a mim mesmo: "Que resultado desejo criar?" Escrevi que desejava que o centro aprendesse a oferecer um produto novo e de primeira linha, que passasse a ser muito procurado com o tempo. Este esclarecimento me levou a um insight libertador: como esta era nossa primeira oferta do produto, não era essencial ter um grande lucro. Isso seria ótimo, é claro, mas ficaríamos felizes em aprender como fazer tudo direito, zerar o saldo e definir a base para obter lucro no futuro.

Depois, perguntei a mim mesmo: "Como posso me tornar focado nos outros?" Neste momento, eu estava totalmente focado em mim mesmo (estava preocupado com minha reputação) e minha primeira tendência seria ficar bravo com o staff. Mas, ao mudar meu foco para o que eles poderiam estar pensando naquela noite, percebi que provavelmente estavam preocupados com o fato de eu chegar ao trabalho naquela manhã pronto para culpá-los. De repente, percebi que era necessário desafiá-los e apoiá-los.

Finalmente, pensei em como poderia ficar aberto ao exterior. Isso significava avançar e aprender algo novo, mesmo que gerasse certo desconforto. Eu precisava participar de um diálogo exploratório, em vez de presidir como o *expert* no comando.

Logo comecei a fazer uma lista de estratégias de marketing, embora esperasse que muitas delas se revelassem tolas, pois eu não entendia nada de marketing. No dia seguinte, reuni o staff. Naturalmente, eles estavam prevenidos. Pedi que me dissessem qual resultado queríamos criar. O acontecimento seguinte é um bom exemplo do quão contagioso o estado fundamental de liderança pode ser.

Conversamos sobre estratégias para aumentar a participação e, após algum tempo, disse ao staff que tinha algumas idéias tolas sobre marketing e que estava sem graça de compartilhá-las, mas disposto a fazer qualquer coisa para ajudar. Muitos riram de meus pensamentos ingênuos sobre como aumentar a publicidade e criar incentivos de precificação. Mas minhas propostas também incitaram discussões sérias, e o grupo começou a fazer um brainstorm para encontrar uma estratégia coletiva. Como eu estava aberto ao exterior, havia espaço e tempo para qualquer um liderar. As pessoas sugeriram melhores maneiras de abordar pontos de vendas, imprensa e criar incentivos. Nesta reunião, o grupo desenvolveu um senso compartilhado de propósito, realidade, identidade e contribuição. Eles saíram dali com certo otimismo e prosseguiram como uma equipe comprometida.

No final, não conseguimos 400 participantes, mas preenchemos um número mais do que suficiente de assentos para ter um evento bem-sucedido. Superamos o saldo zerado e desenvolvemos as habilidades necessárias para executar ainda melhor um evento como esse no futuro. O programa foi um sucesso, pois ocorreu algo transformacional no staff. Mas a transformação não teve origem na reunião. Ela começou na noite anterior, quando fiz as quatro perguntas a mim mesmo e passei do estado normal e reativo para o estado fundamental de liderança. E minha entrada no estado fundamental incentivou o staff a entrar nele também.

Apesar de o estado fundamental ser comprovadamente útil em momentos de crise, ele também pode nos ajudar a lidar com desafios mais mundanos. Quando estou prestes a ter uma conversa importante, participar de uma reunião-chave, comparecer a um evento significativo, ou dar uma aula, parte de minha preparação é tentar atingir o estado fundamental de liderança. Independente de estar trabalhando com uma única pessoa, um grupo ou uma organização, faço as mesmas quatro perguntas. Elas costumam levar a resultados de alto desempenho, e a repetição de resultados de alto desempenho pode acabar criando uma cultura de alto desempenho.

Como inspirar outros a ter um alto desempenho

Quando entramos no estado fundamental de liderança, logo temos novos pensamentos e apresentamos novos comportamentos. Não podemos permanecer nesse estado para sempre. Ele pode durar horas, dias, ou até meses, mas acabamos voltando ao estado normal. Apesar de o estado fundamental ser temporário, cada vez que entramos nele aprendemos mais sobre as pessoas e nosso ambiente, e aumentamos a probabilidade de sermos capazes de voltar a esse estado. Além disso, inspiramos as pessoas ao nosso redor a atingir níveis mais altos de desempenho.

Até hoje, Robert fica maravilhado com o contraste entre o passado e o presente de sua organização. A transformação dele em um líder com energia positiva, além da disposição e habilidade de lidar com desafios de novas formas, ajudaram a transformar a Los Angeles Junior Chamber of Commerce (LAJCC) em uma empresa criativa e com alto desempenho. A última vez que falei com Robert, ele disse:

> *Há uma massa crítica de indivíduos no staff e no Conselho de Administração que desejam encarar nossos desafios de uma forma diferente e trabalhar para encontrar soluções juntos. Em nossas reuniões, uma nova energia está presente. O que antes parecia impensável, hoje parece ocorrer facilmente.*

Qualquer CEO ficaria encantado em poder dizer esse tipo de coisa. Mas a verdade é que esta situação não é comum. Quando Robert passou a adotar o estado fundamental de liderança, seu grupo (que começou em um estado normal) foi despertado, contagiado por sua renovada energia e visão. Mesmo após ele ter deixado o estado fundamental, o grupo manteve um nível superior de desempenho. Ele continua a prosperar, sem mudanças significativas no staff ou reestruturação.

Isso tudo não ocorreu porque Robert leu um livro ou um artigo sobre as melhores práticas de algum grande líder. E também não ocorreu porque ele estava imitando outra pessoa. Isso aconteceu porque foi forçado a sair de sua zona de conforto e entrar no estado fundamental de liderança. Ele foi impulsionado a esclarecer o resultado que desejava criar, a agir corajosamente com base nos seus valores essenciais, a desistir do seu interesse pessoal em nome do bem coletivo e a estar aberto à aprendizagem em tempo real. Com Robert e outros como ele, podemos aprender o valor de desafiarmos a nós mesmos – um processo doloroso, mas com grande potencial de provocar impacto positivo em nossas próprias vidas e nas pessoas ao nosso redor.

Publicado originalmente em julho-agosto de 2005
Reimpressão R0507F

Mudança sem dor

ERIC ABRAHAMSON

Resumo executivo

MUDAR OU MORRER É UM TRUÍSMO corporativo, mas o mesmo vale para seu triste corolário: muitas empresas mudam e morrem. O processo de mudança pode arruinar uma organização. Com base em suas pesquisas de mais de dez anos, o autor sugere que as empresas alternem grandes iniciativas de mudança com períodos de mudanças menores e orgânicas, bem pensadas, utilizando processos que ele chama *tinkering* e *kludging* (*kludging* é o *tinkering* em maior escala).* O resultado é a estabilidade dinâmica que permite mudar sem causar dor fatal.

Citando exemplos de empresas como a General Electric e a Barnesandnoble.com, o autor descreve a estabilidade dinâmica como um processo contínuo, mas relativamente pequeno, de reconfigurações de práticas e modelos de negócios existentes, em vez da criação de novas práticas e modelos.

Como fazem consertos (*tinker*) e improvisam (*kludge*), as empresas bem-sucedidas são sábias o suficiente para seguir estas quatro diretrizes: recompensar o empréstimo descarado; indicar

---

*Nota da Tradutora: *tinkering* é um conserto, uma pequena reparação; *kludging* é a combinação nova de hardware e software que resolve um problema de forma eficaz mas improvisada.

um Chief Memory Officer (CMO) que possa ajudar a empresa a evitar cometer os mesmos erros anteriores; fazer primeiro consertos e improvisos internos para depois buscar soluções externas; e contratar generalistas, pois estes tendem a ser mais adeptos a *tinkering* e *kludging*.

Como paradigma do *pacing** bem-sucedido, o autor cita os esforços de Lou Gerstner, na IBM, na American Express Travel Related Services e na RJR Nabisco. Inicialmente, Gerstner executou uma mudança rápida e com efeito disruptivo em cada empresa, mas ele possuía o dom de identificar o momento certo de parar e estava atento a sinais de ceticismo e desgaste. A oscilação entre grandes e pequenas mudanças ajuda a garantir a estabilidade dinâmica nas organizações. O mais importante é preparar o caminho para a mudança bem-sucedida.

QUEM NUNCA OUVIU FALAR no mantra: mudar ou morrer? Hoje, ele já se tornou um clichê corporativo. E, como muitos outros clichês, retrata a verdade. Mas o seu triste corolário também é real: muitas empresas mudam e morrem. A mudança tem um efeito tão disruptivo que pode arruinar organizações.

Nos últimos dez anos, tenho estudado como as empresas mudam, e minha pesquisa sugere um imperativo surpreendente. Para que as mudanças sejam bem-sucedidas, as empresas devem parar de mudar o tempo todo. Em vez disso, elas devem entremear grandes iniciativas de mudança com períodos cuidadosamente equilibrados de mudanças menores e orgânicas, utilizando processos que chamo de *consertos* e *soluções provisórias*. Ao fazer isso, as empresas podem gerenciar a mudança geral com uma abordagem chamada de *estabilidade dinâmica*. Certamente, alcançar a estabilidade dinâmica é mais difícil do que forçar mudanças grandes, complicadas e audaciosas em uma organização, da mes-

**Nota da Tradutora*: *Pacing* aqui tem o significado de "acertar o passo".

ma forma que é mais difícil dar fim a uma guerra de negociações do que a uma guerra com bomba atômica. Mas a estabilidade dinâmica tem a grande vantagem de deixar sobreviventes. Ela possibilita a mudança sem dor fatal.

O problema da mudança

A mudança, da forma como ela costuma ser provocada, gera sobrecarga de iniciativa e caos organizacional, e ambos provocam forte resistência por parte das pessoas mais afetadas. Ao viajar de uma empresa para outra em minha pesquisa, encontrei várias organizações "permafrost", nas quais gerentes intermediários, cansados de fazer mudanças, congelaram iniciativas apresentadas por seus vinte ou mais subordinados e também pelos gerentes seniores que ansiavam por mudanças.

Sua resistência encontrou voz em um cinismo agressivo. As pessoas falavam sobre programas de mudança utilizando uma linguagem agressiva e muitas vezes ofensiva. Havia cartoons do *Dilbert* em quase todas as portas dos escritórios. Segundo um gerente intermediário, as iniciativas de mudança da empresa comprovaram a primeira lei da física corporativa: quando o pêndulo balançar, não coloque seu pescoço para fora. Empregados saudavam cada novo programa de mudança com um alerta "BOHICA",* na empresa inteira, que significa "curve-se, pois lá vem ele de novo".

Os programas de mudança aqui em questão – programas que viraram modismo desde a década de 1970 – costumam envolver medidas drásticas, pois os CEOs buscam maximizar o crescimento ou o valor econômico o mais rápido possível. Na estabilidade dinâmica, pelo contrário, a meta é a mudança que pode ser mantida em curto e longo prazos. Vamos considerar dois casos. O primeiro envolve Finley, Kumble, Wagner, Heine, Underberg,

---

**Nota da Tradutora*: Acrônimo da gíria militar Bend Over Here It Comes Again.

Manley, Myerson & Casey, um escritório de advocacia, com sede em Nova York que tentou se globalizar em ritmo acelerado. O segundo é a história da General Electric, uma empresa bastante conhecida por sua transformação bem-sucedida, que se deve, em muito, segundo minha análise, à estabilidade dinâmica.

Em seu impulso para se tornar um competidor global, Finley Kumble rapidamente adicionou parceiros e sócios-assistentes na década de 1980. O comprometimento com o rápido crescimento foi epitomado, nas palavras de Stephen Kumble, um dos principais parceiros: "Aceito deixar de dar cinco minutos de atenção à minha esposa. Aceito ler apenas um capítulo de um livro. Não consigo passar do primeiro ato de uma peça. Só penso em fazer negócios." Essas palavras ecoam a retórica 24/7 do mundo do e-commerce. Mas o ritmo da empresa não era sustentável. Finley Kumble entrou em colapso em 1988, em meio a dívidas, conflitos destrutivos viciosos e várias impropriedades legais. Como Shakespeare dizia: "Prudência! Quem mais corre mais tropeça."

Por outro lado, a General Electric desejava uma rápida mudança, mas também sabia quando diminuir o ritmo. Na década de 1980, a GE participou de uma destruição criativa (considerada pela maioria das pessoas como brutal), envolvendo demissões em massa, reestruturação e alienações. Mas as mudanças da GE na década de 1990 tiveram um efeito bem menos disruptivo: ausência de fronteiras, qualidade seis sigma e adições de serviços a produtos. As aquisições da GE na última década (empresas como a Employers Reinsurance and Kidder, Peabody) tendiam a ser em áreas como serviços financeiros, na qual ela já havia obtido nichos. Então, elas eram menos disruptivas para a organização como um todo. Ao alternar entre mudanças radicais e modificações mais orgânicas, Jack Welch reforçou a estabilidade da organização, conseguindo, assim, tornar grandes mudanças mais viáveis. Esta é a estabilidade dinâmica.

A estabilidade dinâmica em detalhes

Em sua essência, a estabilidade dinâmica é um processo de esforços de mudança contínuos, mas relativamente pequenos, que envolve a reconfiguração de práticas existentes e modelos de negócios, e não a criação de novas práticas e novos modelos. Além de *tinkering* e *kludging*, que apresentam uma diferença entre si, especialmente em escala, a estabilidade dinâmica exige o que chamo de *pacing* – as grandes e pequenas mudanças devem ser implementadas nos intervalos certos. Vejamos primeiro o que chamo de *tinkering*.

TINKERING

Todos nós conhecemos um Sr. Conserto, alguém que está sempre criando coisas, colocando parafusos e peças em antigas máquinas de lavar. Da mesma forma, alguns dos melhores mestres da mudança (ou seja, empresas como a 3M e a Hewlett-Packard) são reparadores de primeira linha. Eles vão para o porão da empresa, ou melhor, um local onde possam rapidamente chegar a soluções inspiradas para seus problemas. A Dow Chemical, por exemplo, desenvolveu o Saran Wrap para um aplicativo de revestimento industrial. Com um pouco de *tinkering* – e muita expertise em marketing e produtos de consumo de marca – a Dow conseguiu lançar o produto com êxito junto aos consumidores, um mercado totalmente diferente.

Talvez o exemplo mais bem-sucedido de *tinkering* que testemunhei tenha sido em uma empresa que produz helicópteros militares. A produção era extremamente baixa: em média, apenas quatro helicópteros. Cada helicóptero era personalizado para um tipo específico de missão – pesca submarina, por exemplo, ou destruição de tanque. De acordo com um engenheiro, não havia dois helicópteros iguais. Mesmo que o projeto fosse idêntico, era necessário muito vaivém para unir todas as partes e fazer o helicóptero funcionar. Este estilo de produção era bom, contanto que os orçamentos militares fossem grandes, mas o mercado se tornou muito mais competitivo após o final da Guerra Fria. A empresa estava sob intensa pressão para atingir economias de escala em desenvolvimento e produção. Ela precisava mudar.

Contudo, a própria organização tinha pouco interesse ou pouca energia para atender a chamada. Ela tinha uma longa história de mudanças grandes, caras e fracassadas. Os empregados estavam exaustos e céticos. Desesperados para encontrar uma solução, os gerentes descobriram que já tinham um ótimo modelo de desenvolvimento de produtos na divisão de software da empresa. Eles acreditavam que o modelo poderia ser adaptado à produção de helicópteros para minimizar custos com projetos de produtos. Os gerentes também perceberam que poderiam melhorar a economia da produção utilizando empregados que já tinham experiência com produção em massa na indústria automobilística. A empresa desenvolveu uma nova estratégia de produção, que é chamada de boneca Barbie. Ela criou um helicóptero-base que poderia ser vestido com uma série de acessórios – armas, bombas, aviônica – para clientes do exército se divertirem. A estratégia permitiu à empresa colher os benefícios da produção e personalização em massa.

Não foi criado nada de novo neste exemplo. O conhecimento da indústria automobilística e os processos de desenvolvimento de software já existiam, assim como os empregados que fizeram a mudança acontecer. As técnicas agora estão bem estabelecidas na empresa. Além disso, a síndrome do "não inventado aqui" deixou de ser um problema. *Tinkering*, é claro, não é a garantia de uma mudança bem-sucedida, mas é menos dispendioso, menos desestabilizador e mais rápido do que a destruição criativa e a invenção.

KLUDGING

Kludging é *tinkering*, mas com formação universitária. Ele ocorre em maior escala e envolve uma quantidade bem maior de peças. Algumas podem vir de fora do portfolio existente de uma empresa (como ocorre em fusões e aquisições), mas, em geral, os componentes de um *kludge* são passivos que estão no pátio de uma organização, como habilidades em funções específicas, ou tecnologias ou modelos padrão.

Como são muitos, os *kludges* podem resultar na criação de uma divisão ou de um novo negócio. Pense no caso da GKN, um conglomerado industrial britânico. O processo de cancelamentos, que começou no início da década de 1980, passou a configurar um problema real. A organização costumava firmar contratos e, depois, localizar engenheiros para compor o staff dos projetos, mas, às vezes, os contratos eram adiados ou cancelados, deixando os engenheiros ociosos.

Para lidar com esta situação recorrente, as unidades da GKN decidiram começar a ceder seus engenheiros ociosos para atribuições temporárias em outro local, solicitando seu retorno à organização conforme necessário. As unidades começaram a prática de maneira informal, mas o sucesso foi tamanho que a GKN criou uma nova empresa para gerenciar a contratação de seus próprios engenheiros e de outras empresas, com contratos de curto prazo. Para todos os efeitos, a nova empresa, CEDU, é uma agência de empregos sofisticada. A mudança no *status quo* foi quase indolor. O modelo de negócios já era conhecido na empresa há anos. Para lucrar mais com isso, a GKN só precisava formalizar a prática em uma nova empresa.

Empresas com economia antiga que tentam se adaptar à nova economia podem utilizar o *kludging* com muita eficácia – elas não precisam começar do zero os negócios na internet. Pense no caso da Barnesandnoble.com (ou simplesmente Dotcom, como é conhecida internamente). Ela percebeu que poderia adaptar as marcas da Barnes & Noble (além de suas capacidades não virtuais para adquirir livros, pagar editores e gerenciar inventário) para o e-commerce. Segundo o CEO da Dotcom, Stephen Riggio: "Está tudo lá... Como resultado, nossa empresa on-line conseguiu agarrar uma oportunidade." As capacidades da Dotcom não páram por aí. Ela tomou emprestado recursos externos: um conjunto de software adquirido da Firefly, uma extensa lista de clientes em potencial da AOL e uma estratégia de precificação copiada do seu principal concorrente, a Amazon. Na Dotcom, pouca coisa foi inventada do zero.

PACING

A maioria dos proponentes de gerenciamento da mudança alega que é preciso mudar o máximo que você puder e o mais rápido possível para ficar à frente da concorrência. Este conselho não está totalmente equivocado, apesar de ser uma generalização exagerada. Assim como os indivíduos, as organizações possuem diferentes necessidades de mudança. As que evitaram continuamente a mudança podem precisar passar por uma mudança rápida e destrutiva. Empresas que já têm mudado rapidamente enfrentam outro desafio – elas precisam aprender a deixar para trás a mudança altamente desestabilizadora e com efeito disruptivo para começar a utilizar *tinkering* e *kludging*.

Um líder de negócios que compreende o valor de *pacing* é Lou Gerstner. Na IBM e, antes disso, na American Express Travel Related Services (TRS) e na RJR Nabisco, seu impacto inicial foi pura destruição criativa. Ao completar nove meses na TRS, por exemplo, Gerstner iniciou uma reorganização em massa dos negócios de cartões e traveler's check, seguido de uma mudança geral dos gerentes nessas unidades. Rapidamente, novos produtos eram lançados no mercado, como uma epidemia. Segundo Gerstner, a transformação da TRS em apenas nove meses estava "superando a marca de 1 milha em menos de quatro minutos".

Mas Gerstner tinha o dom de identificar o momento certo de parar. Ele estava atento aos primeiros sinais de fadiga da mudança: ceticismo e desgaste. Reconhecia que o sucesso da sua campanha de mudança geral dependia da estabilidade das unidades envolvidas, e era cuidadoso em relação a como e quando entremear pequenas e grandes mudanças. Na TRS, nenhum novo produto foi lançado e nenhum novo executivo foi contratado de fora por 18 meses após a blitz inicial de Gerstner. Mas ele não ficou parado; fazia vários consertos para evitar que a empresa mergulhasse na inércia; mexia na estrutura, no sistema de compensação e nas ofertas de produtos da TRS. Mas a natureza não ameaçadora das mudanças internas permitiu que a empresa absorvesse melhor uma segunda onda de lançamentos de produtos e reestruturações quando ela surgiu.

A propósito, no rebuliço da nova economia, é natural que empresas se esqueçam da importância de diminuir o ritmo. Mas, ser o primeiro não significa necessariamente ser o mais rápido. Lembra-se da velha história dos dois campistas infortunados na floresta que notaram que estavam sendo perseguidos por um jaguar? Um deles se sentou e calçou seu tênis de corrida. O outro olhou para ele incrédulo e disse: "Você está maluco? Você nunca conseguirá correr mais do que aquele jaguar." O primeiro respondeu: "Não preciso fazer isso. Só preciso correr mais do que você."

Quatro diretrizes operacionais

Assim como muitas práticas gerenciais, a estabilidade dinâmica pode ser caracterizada como arte e ciência. Mas, de acordo com minha pesquisa, as empresas que fazem consertos (*tinker*) e improvisam (*kludge*) com êxito utilizam quatro diretrizes operacionais, que veremos a seguir.

Recompensar o empréstimo descarado. A primeira regra da estabilidade dinâmica é a de que empresas precisam querer improvisar com o que já existe – e inventar do zero apenas em último caso. Não é fácil seguir esta regra. Na cultura norte-americana, a imitação é um sinal de fraqueza e até de depravação. Imitadores são vistos como pessoas que não são inteligentes o suficiente para terem boas idéias por si mesmas. Mas palavras como "imitador" e "mímico" devem ser elogios, e não insultos. Empresas precisam de culturas que valorizem a imitação criativa e condenem a invenção inútil.

A glorificação da invenção leva empresas a desperdiçar recursos preciosos. Talvez o exemplo mais notório deste tipo de cultura seja a antiga General Motors. Em virtude de sua admiração por novas invenções e de seu histórico de manter marcas separadas, a GM adotou a direção certa ao reinventar a roda, às vezes quase literalmente. Como resultado, apesar da enorme utilização de recursos humanos e financeiros, a GM nunca alcançou o padrão de excelência na eficácia de seu desenvolvimento de produtos.

Booz-Allen & Hamilton, a firma de consultoria em gerenciamento, teve um problema semelhante. Ela costumava manter sua expertise em "pirâmides de conhecimento" cuidadosamente protegida por um parceiro em posição superior e por um grupo de associados em posições inferiores. Quando era necessário fazer uma mudança na abordagem para melhor atender a um cliente, as pessoas na pirâmide tinham o trabalho de reinventar estratégias que provavelmente poderiam ter sido encontradas em várias outras pirâmides semelhantes. Mas a Booz-Allen é uma empresa bem diferente hoje. Com grande sucesso, ela utiliza sistemas sofisticados de gerenciamento de conhecimento para captar, compartilhar, imitar (basicamente, consertar) a expertise existente, em vez de reinventá-la. Sua cultura recompensa (ou, diria eu, exige) a imitação.

Quando digo empréstimo descarado, é claro que não estou me referindo à mera cópia sem originalidade; há pouco valor em aplicar uma idéia de forma pouco original. A Booz-Allen se sobressai em termos de imitação criativa: os melhores elementos de um processo, idéia ou estrutura são reconfigurados e personalizados para atender às necessidades de cada cliente.

Indicar um Chief Memory Officer (CMO). Lembrar-se de que *tinkering* e *kludging* do passado pode nos ajudar a evitar cometer os mesmos erros anteriores. Além disso, aproveitamos oportunidades valiosas.

A Apple ressuscitou com êxito o passado com o iMac, que retomam os inovadores Apple II e Macintosh. A Apple recriou uma cultura que desafia os empregados a criar algo "insanamente genial" – neste caso, um computador acessível com uma aparência peculiar. Não há nada de essencialmente novo nesta mistura – apenas a empresa esqueceu seu passado pois teve quatro CEOs na mesma quantidade de anos. A volta de Steve Jobs tornou possível o renascimento.

Jobs atua com dupla função na Apple. Ele não apenas tem um estilo de liderança carismática, mas também serve como a memória da organização – o que lhe cabe muito bem, já que foi o fundador da empresa. Algumas empresas contratam historiadores para escrever suas histórias; outras se lembram da simples realidade de que os empregados mais antigos são seus melhores historiadores. Estes "chief memory officers" são convidados informalmente a rever os projetos passados, bem-sucedidos e malsucedidos, antes do lançamento ou relançamento de qualquer "inovação". Toda empresa precisa de guardiões da memória com influência o suficiente para se fazerem ouvir. Eles ajudam a empresa a assumir a mudança sem gerar caos, cinismo e desgaste desnecessários.

Por outro lado, empresas que esquecem o passado estão condenadas a revivê-lo, muitas vezes ameaçando a estabilidade dinâmica. A estrutura organizacional regional da Citicorp continuamente alterna entre a combinação de vendas e operações e a manutenção delas separadas. Periodicamente, a empresa tenta integrar vendas e operações, colocando-os sob o mesmo teto, mas depois percebe que as vendas não estão recebendo a atenção necessária na indústria de serviços financeiros que é altamente competitiva. Então, a Citicorp separa as duas novamente. As alternâncias ocorrem de forma imprevisível em várias operações regionais, e o desperdício de recursos é enorme.

Fazer primeiro consertos e improvisos internos. É muito mais fácil gerenciar a estabilidade dinâmica quando você busca soluções dentro da empresa. Assim como o corpo está mais propenso a rejeitar um órgão externo do que o seu próprio, uma organização tem maior dificuldade em reconfigurar peças importadas. Pense nos círculos de qualidade: cerca de 90% das empresas da *Fortune 500* pediram esta ferramenta emprestada de fabricantes japoneses na década de 1970 e no início da década de 1980. Em 1982, 80% haviam rejeitado. As empresas estariam melhor se tivessem mexido (*tinker*), junto com equipes, nas abordagens de gerenciamento participativo e nos processos de qualidade. Elas deveriam fazer isso antes de tentar importar uma técnica de gerenciamento desenvolvida em algum local remoto do mundo, em uma cultura extremamente diferente.

Improvisar (*kludging*) utilizando peças externas é ainda mais difícil do que consertar (*tinkering*), conforme sugerido pela taxa de 70% de falha em aquisições. É por isso que muitas empresas que cresceram com enorme êxito fizeram isso de forma orgânica. A Southwest Airlines se tornou uma das maiores companhias aéreas do país devido a uma série de improvisos internos. Diferente dos concorrentes, a Southwest replica partes da própria fórmula de negócios, como práticas de gerenciamento de recursos humanos, em novas regiões. Assim, outras companhias aéreas menores são criadas e adicionadas ao portfolio.

Às vezes, as empresas não conseguem evitar a necessidade de recorrer ao exterior. Isso ocorre, por exemplo, quando precisam obter uma tecnologia que não existe internamente. Mas a empresa precisa saber quais organizações ela pode ou não adquirir. A Cisco Systems, um experiente improvisador em aquisições externas, só cogita adquirir uma empresa quando ela é pequena e mostra ter grandes chances de forte crescimento; a empresa-alvo também precisa estar localizada próxima a um centro de P&D da Cisco e sua cultura deve ser compatível com a da Cisco. Como resultado, a Cisco retém 90% dos empregados que integram a empresa através da aquisição. E, ao reter esses empregados, ela retém o conhecimento e as habilidades que atraíram a Cisco para a aquisição.

Contratar generalistas. Uma empresa dedicada à estabilidade dinâmica precisa de generalistas. Generalistas costumam ser ridicularizados como pessoas que são pau para toda obra, mestres de meia-tigela. Mas a gama de habilidades desses profissionais permite que eles associem diferentes idéias, técnicas, processos e culturas. Em outras palavras, eles podem consertar e improvisar. Além disso, generalistas costumam ter a mente mais aberta e ser menos preconceituosos do que especialistas. Eles gostam de executar os serviços mais banais. Mas também gostam de mudar constantemente de emprego. Veja o caso de Marty Homlish, um dos principais arquitetos da Sony PlayStation. Como ocupou vários cargos, Homlish adquiriu poderosa mistura de habilidades ecléticas. Cada nova revitalização conduzida por ele representou uma oportunidade de aumentar sua já extensa mala de truques. Pessoas como Homlish tornam possível a mudança sem dor; elas são um ingrediente essencial da estabilidade dinâmica.

Como você identifica quem são os generalistas? Improvisadores (*kludgers*) e reparadores (*tinkerers*) são quebra-barreiras. Não almoçam com os mesmos colegas de trabalho todo dia. Seus amigos não são clones uns dos outros que compartilham as mesmas perspectivas de vida. Seus amigos são músicos de rock, encanadores, físicos nucleares. Eles viajam muito, mas não em excursões. Os generalistas têm várias idéias e técnicas. Como resultado, têm à sua disposição a matéria-prima para consertar (*tinker*), improvisar (*kludge*) e manter a estabilidade dinâmica.

A MUDANÇA SEMPRE ESTEVE – e sempre estará – ao nosso lado. Mas a idéia da mudança em si está mudando. As empresas estão cada vez mais conscientes da necessidade de combater o caos, o cinismo e o desgaste, utilizando ferramentas de mudança com efeito menos disruptivo. A oscilação entre grandes e pequenas mudanças ajuda a garantir a estabilidade dinâmica em organizações. Em uma análise mais crítica, pode-se dizer que ela prepara o caminho para a mudança bem-sucedida.

Publicado originalmente em julho-agosto de 2000
Reimpressão R00401

O lado difícil do gerenciamento da mudança

HAROLD L. SIRKIN, PERRY KEENAN E ALAN JACKSON

Resumo executivo

TODOS CONCORDAM QUE É difícil gerenciar a mudança, mas poucos concordam sobre como fazê-lo. A maioria dos especialistas é obcecada por questões "não-críticas", como cultura e motivação, mas, segundo os autores, concentrar-se apenas nessas questões não leva à mudança. As empresas também precisam considerar os fatores críticos, como o tempo que leva para concluir uma iniciativa de mudança, o número de pessoas necessárias para executá-la e assim por diante.

Quando estudaram as iniciativas de mudança em 225 empresas, os autores descobriram uma correlação consistente entre os resultados de programas de mudança (sucesso *versus* fracasso) e quatro fatores críticos, aos quais chamaram DICE: *duração do projeto*, especialmente o tempo entre as revisões do projeto; *integridade do desempenho* ou capacidades das equipes do projeto; nível de *comprometimento* dos executivos seniores e do staff; e *esforço* adicional exigido dos empregados diretamente afetados pela mudança. A estrutura DICE é uma fórmula simples de calcular se uma empresa está conseguindo, ou conseguirá, implementar suas iniciativas de mudança. A estrutura engloba uma série de perguntas simples que ajudam executivos a avaliar seus projetos em cada um dos quatro fatores; quanto mais baixa a pontuação, maior é a probabilidade de o projeto ser bem-sucedido. Empresas podem utilizar avaliações DICE para forçar conversações sobre projetos, medir se estes estão no caminho certo ou com problemas, e gerenciar portfolios de projetos.

Os autores utilizaram estes quatro fatores para prever os resultados e orientar a execução de mais de mil programas de gerenciamento de mudança no mundo inteiro. A correlação funcionou e nenhum outro fator (ou combinação de fatores) foi capaz de prever resultados tão bem.

QUANDO O ROMANCISTA FRANCÊS JEAN-BAPTISTE Alphonse Karr escreveu "Quanto mais muda, mais fica igual", ele poderia estar escrevendo um epigrama sobre o gerenciamento da mudança. Por mais de três décadas, acadêmicos, gerentes e consultores, percebendo que era difícil transformar empresas, dissecaram o assunto. Eles cantaram os elogios de líderes que comunicam a visão e agem conforme o discurso para que os esforços de mudança sejam bem-sucedidos. Consagraram a importância de mudar a cultura organizacional e as atitudes dos empregados. Identificaram as tensões entre esforços de transformação de cima para baixo e abordagens participativas de mudança. E convenceram empresas a lançar campanhas que apelem para o coração e mente das pessoas. Mesmo assim, estudos mostram que, na maioria das empresas, duas em cada três iniciativas de transformação falham. Quanto mais as coisas mudam, mais elas permanecem iguais.

Gerenciar a mudança *é* uma tarefa difícil, mas parte do problema é que há pouco entendimento sobre quais fatores mais influenciam iniciativas de transformação. Peça a cinco executivos para nomearem um fator crítico do sucesso destes programas. Provavelmente você obterá cinco respostas diferentes. Isso ocorre porque cada gerente percebe uma iniciativa a partir do seu ponto de vista e, com base na experiência pessoal, foca diferentes fatores de sucesso. Os especialistas também oferecem diferentes perspectivas. Uma pesquisa recente no Amazon.com para localizar livros sobre "mudança e gerenciamento" resultou em 6.153 títulos, cada um com um toque diferente sobre o assunto. Essas idéias têm muito a oferecer, mas juntas, elas forçam as empresas a lidar com várias prioridades simultaneamente, o que acaba exaurindo recursos e habilidades. Além disso, executivos utilizam diferentes abordagens em diferentes partes da organização, o que aumenta o tumulto que costuma acompanhar a mudança.

Nos últimos anos, muitos gurus em gerenciamento da mudança focaram questões não-críticas, como cultura, liderança e motivação. Esses elementos são importantes para o sucesso, mas o gerenciamento destes aspectos isoladamente não é suficiente para implementar projetos de transformação. Fatores não-críticos não influenciam diretamente os resultados de muitos programas de mudança. Por exemplo, a liderança visionária costuma ser vital para projetos de transformação, mas nem sempre. O mesmo pode ser dito sobre a comunicação com empregados. Além disso, não é fácil mudar atitudes ou relacionamentos; eles estão entranhados nas organizações e nas pessoas. E, embora mudanças, digamos, na cultura ou nos níveis de motivação possam ser indiretamente medidas por pesquisas e entrevistas, é difícil obter dados confiáveis sobre fatores não-críticos.

Acreditamos que o elemento ausente seja um foco nos aspectos do gerenciamento da mudança que estão menos em voga: os fatores críticos. Esses fatores possuem três características distintas. Primeiro, as empresas são capazes de medi-los de forma direta ou indireta. Segundo, as empresas podem facilmente transmitir sua importância, dentro e fora das organizações. Terceiro, e talvez mais importante, os negócios são capazes de influenciar rapidamente tais elementos. Alguns dos fatores críticos que afetam uma iniciativa de transformação são: o tempo necessário para concluí-la, o número de pessoas necessárias para executá-la e os resultados financeiros que espera-se atingir com as ações pretendidas. Nossa pesquisa mostra que projetos de mudança não conseguem deslanchar quando empresas ignoram tais fatores críticos. Isso não significa que executivos possam ignorar os elementos não-críticos; isso seria um erro grave. Mas, se as empresas não prestarem atenção primeiro às questões críticas, os programas de transformação tenderão a fracassar antes mesmo de os elementos não-críticos entrarem em cena.

Esta é uma lição que aprendemos quando identificamos os denominadores comuns da mudança. Em 1992, começamos com a hipótese contrária de que organizações tratam de transformações de formas notadamente semelhantes. Pesquisamos projetos em vários setores e países para identificar esses elementos em comum. Nosso estudo inicial com 225 empresas revelou uma correlação consistente entre os resultados (sucesso ou fracasso) de programas de mudança e quatro fatores críticos: *duração* do projeto, especialmente o tempo entre revisões do projeto; *integridade* do desempenho, ou capacidades de equipes do projeto; *comprometimento* de executivos mais experientes e do staff a quem a mudança mais afetará; e *esforço* adicional que empregados devem fazer para lidar com a mudança. Chamamos essas variáveis de fatores DICE, pois poderíamos carregá-las em favor do sucesso do projeto.

Concluímos nosso estudo em 1994 e, em 11 anos desde então, o Boston Consulting Group utilizou esses quatro fatores para prever os resultados, e orientar a execução, de mais de mil iniciativas de gerenciamento de mudança no mundo inteiro. A correlação funcionou e nenhum outro fator (ou combinação de fatores) foi capaz de prever resultados tão bem.

Os quatro fatores-chave

Se você parar para pensar, as diferentes formas com que organizações combinam os quatro fatores criam um *continuum* – desde projetos que estão destinados ao sucesso até aqueles que estão destinados ao fracasso. Em um extremo, um projeto curto conduzido por uma equipe habilidosa, motivada e coesa, apoiado pela alta gerência e implementado em um departamento que é receptivo à mudança e não precisa de muito esforço adicional, está propensa a dar certo. No outro extremo, um projeto longo, prolongado, executado por uma equipe inexperiente, sem entusiasmo e incoerente, sem patrocinadores de nível superior e focado em uma função não receptiva a mudanças e que exige muito trabalho extra, tenderá ao fracasso. Negócios podem identificar facilmente programas de mudança nos dois extremos do espectro. Mas a maioria das iniciativas ocupa um meio-termo, no qual a probabilidade de sucesso ou fracasso é difícil de ser avaliada. Executivos precisam estudar os quatro fatores DICE cuidadosamente para descobrir se seus programas de mudança tendem ao sucesso ou ao fracasso.

DURAÇÃO

Empresas cometem o erro de se preocupar mais com o tempo que levam para implementar programas de mudança. Elas pressupõem que, quanto mais tempo uma iniciativa demora, maior é a probabilidade de ela fracassar – o ímpeto inicial acabará, as janelas da oportunidade se fecharão, os objetivos serão esquecidos, os principais defensores sumirão ou perderão o entusiasmo, e os problemas se acumularão. Entretanto, contrariando a percepção popular, nossos estudos mostram que um projeto longo, que é revisado com freqüência, tem maiores chances de ser bem-sucedido do que um projeto curto, que não é revisado com freqüência. Então, o tempo entre revisões é mais crítico para o sucesso do que a duração do projeto.

As empresas devem rever formalmente projetos de transformação pelo menos duas vezes ao mês pois, de acordo com nossa experiência, a probabilidade de que iniciativas de mudança encontrem problemas aumenta muito quando o tempo entre as revisões excede oito semanas. A necessidade de programar revisões com maior freqüência é determinada por quanto tempo os executivos sentem que o projeto pode prosseguir sem perder a direção. Projetos complexos devem ser revisados uma vez a cada duas semanas; iniciativas mais familiares ou diretas podem ser avaliadas a cada seis ou oito semanas.

A programação de marcos e a avaliação do seu impacto são a melhor forma com a qual executivos podem rever a execução de projetos, identificar lacunas e detectar novos riscos. Os marcos mais eficazes são aqueles que descrevem grandes ações ou conquistas, e não atividades do cotidiano. Eles devem permitir que executivos mais experientes e patrocinadores de projetos confirmem que o projeto teve progresso desde a última revisão. Bons marcos incluem várias tarefas que as equipes devem concluir. Por exemplo, descrever determinado marco como "Consultas com stakeholders concluídas" é mais eficaz do que "Consulte os stakeholders", pois representa uma conquista e mostra que o projeto avançou. Além disso, sugere que várias atividades foram concluídas – identificação de stakeholders, avaliação de suas necessidades e conversa com eles sobre o projeto. Quando um marco parece que não será alcançado a tempo, a equipe do projeto deve tentar compreender o motivo, adotar medidas corretivas e aprender com a experiência a fim de evitar problemas recorrentes.

A revisão de um marco, que chamamos de "marco de aprendizagem", não é uma avaliação improvisada do tipo que ocorre na segunda-feira de manhã. Ela deve ser uma ocasião formal, durante a qual patrocinadores do gerenciamento sênior e a equipe do projeto avaliam o desempenho dessa equipe em todas as dimensões que têm conformidade com o sucesso e o fracasso. A equipe deve fornecer um relatório conciso de seu progresso; os membros e patrocinadores devem verificar se a equipe está prestes a concluir o marco ou se terminou todas as tarefas a serem apresentadas. E também devem: determinar se, uma vez atingido o marco, obteve-se o efeito desejado sobre a empresa; discutir os problemas enfrentados pela equipe para atingir o marco; e determinar como essa conquista afetará a próxima fase do projeto. Patrocinadores e membros da equipe precisam ter o poder de atacar os pontos fracos. Quando necessário, eles devem alterar processos, concordar em utilizar recursos diferentes ou adicionais, ou sugerir uma nova direção. Nestas reuniões, os executivos mais experientes devem prestar especial atenção à dinâmica dentro das equipes, às mudanças nas percepções da organização sobre a iniciativa e às comunicações recebidas da alta gerência.

INTEGRIDADE

Quando utilizamos a expressão integridade de desempenho, estamos querendo descobrir até que ponto as empresas podem contar com equipes de gerentes, supervisores e staff para executar projetos de mudança com êxito. Em um mundo perfeito, nenhuma equipe teria defeitos, mas nenhum negócio possui um número suficiente de pessoas tão perfeitas assim para garantir isso. Além disso, executivos mais experientes costumam hesitar em permitir que pessoas com alto desempenho se unam a esforços de mudança, pois o trabalho comum pode ser afetado. Mas como o sucesso de programas de mudança depende da qualidade das equipes, as empresas devem liberar o melhor staff e, ao mesmo tempo, verificar se as operações cotidianas não falham. Em empresas bem-sucedidas na implementação de programas de mudança, descobrimos que os empregados fazem serviço extra para garantir que seu trabalho diário seja concluído.

Como equipes de projeto lidam com grande variedade de atividades, recursos, pressões, estímulos externos e obstáculos imprevisíveis, elas devem ser coesas e bem conduzidas. Não basta que executivos mais experientes aproveitem a pausa para beber água para perguntar às pessoas se a equipe de um projeto está se saindo bem; eles precisam esclarecer as funções, os comprometimentos e a responsabilidade dos membros. Precisam escolher o líder de equipe e, mais importante, pensar na composição dela.

Patrocinadores de executivos inteligentes, acreditamos nós, são muito inclusivos quando estão formando equipes. Eles identificam talentos solicitando indicações de nomes junto aos principais colegas, inclusive com gerentes de Recursos Humanos; circulando critérios utilizados como recurso; e buscando pessoas com o melhor desempenho em todas as funções. Apesar de aceitarem voluntários, tomam cuidado para não escolher apenas defensores da iniciativa de mudança. Executivos mais experientes entrevistam pessoalmente os indivíduos para que possam construir o portfolio certo de habilidades, conhecimento e redes sociais. Eles também decidem se membros da equipe em potencial devem comprometer todo o seu tempo com o projeto; caso contrário, devem pedir aos membros para alocar dias ou horários específicos do dia para a iniciativa. A alta gerência divulga os parâmetros nos quais ela se baseará para julgar o desempenho e como essa avaliação se adapta ao processo de avaliação normal da empresa. Durante o projeto, patrocinadores precisam medir a coesão das equipes, realizando pesquisas confidenciais para solicitar as opiniões dos membros.

Executivos costumam cometer o erro de pressupor que um gerente competente e querido também será um líder de equipe decente. Isso parece razoável, mas gerentes eficazes do *status quo* não são necessariamente especialistas em mudar organizações. Em geral, bons líderes de equipe têm habilidades para resolver problemas, são orientados a resultados, são metódicos em sua abordagem, mas toleram a ambigüidade, têm perspicácia organizacional, estão dispostos a aceitar responsabilidade por decisões e, apesar de estarem altamente motivados, não querem ser o centro das atenções. Um CEO que conduziu com êxito dois grandes projetos de transformação nos últimos dez anos utilizou esses seis critérios para indagar os altos executivos sobre o calibre de pessoas indicadas para integrar equipes do projeto. A equipe da alta gerência rejeitava um entre três candidatos, em média, antes de definir as equipes.

COMPROMETIMENTO

As empresas devem incentivar o comprometimento de dois diferentes grupos de pessoas, se desejam que projetos de mudança criem raízes: elas devem obter apoio visível dos executivos mais influentes (o que chamamos de C1), que não são necessariamente aqueles que ocupam as posições mais altas na empresa. E elas devem levar em conta o entusiasmo (ou, muitas vezes, a falta dele) das pessoas que precisam lidar com os novos sistemas, processos ou formas de trabalho (C2).

O comprometimento em nível superior é vital para gerar comprometimento por parte daqueles envolvidos nos processos diários. Se os empregados não percebem que a liderança da empresa está apoiando um projeto, significa que não estão propensos à mudança. O apoio da alta gerência nunca é demais. Em 1999, quando estávamos trabalhando com o CEO de uma empresa de produtos de consumo, ele nos contou que estava fazendo mais do que o necessário para mostrar seu apoio a um projeto irritante. Quando conversamos com gerentes de linha, eles disseram que o CEO deu pouco apoio ao projeto. Achavam que, se ele desejasse que o projeto fosse bem-sucedido, deveria apoiá-los de maneira mais visível! Uma regra prática: quando perceber que está falando sobre uma iniciativa de mudança três vezes mais do que o necessário, seus gerentes pensarão que você está apoiando a transformação.

Às vezes, executivos mais experientes hesitam em apoiar iniciativas. Isso é compreensível; eles costumam causar mudanças que podem afetar negativamente o trabalho e a vida dos empregados. Entretanto, se altos executivos não comunicam a necessidade de mudança, e o que isso significa para os empregados, eles colocam em risco o sucesso de seus projetos. Em uma prestadora de serviços financeiros, o comprometimento da alta gerência com um programa para agilizar os prazos, reduzir os erros e cortar os custos era baixo porque acarretava demissões. Altos executivos achavam angustiante falar sobre demissões em uma organização que se orgulhava de ser um local no qual pessoas talentosas poderiam encontrar um emprego para a vida toda. Entretanto, o CEO percebeu que precisava lidar com as questões problemáticas que envolviam demissões para que o projeto fosse implementado dentro do prazo. Ele designou que uma empresa sênior veterana organizasse uma série de palestras e reuniões para oferecer explicações consistentes sobre as demissões, o ritmo, as conseqüências para a segurança no trabalho, e assim por diante. Ele também nomeou um gerente-geral muito respeitado para liderar o programa de mudança. Essas ações deram aos empregados a certeza de que a organização lidaria com as demissões de maneira profissional e humana.

Muitas empresas costumam subestimar a função exercida por gerentes e staff em esforços de transformação. Ao se comunicar com eles tarde demais ou de forma inconsistente, os altos executivos acabam alienando as pessoas mais afetadas pelas mudanças. É surpreendente como, muitas vezes, algo que altos executivos acreditam ser uma boa coisa, é visto pelo staff como algo ruim; ou uma mensagem que os altos executivos acreditam estar bem clara é mal-interpretada. Isso costuma ocorrer quando altos executivos sutilmente articulam diferentes versões de mensagens críticas. Por exemplo, em uma empresa que aplicou a estrutura DICE, as pontuações de um projeto indicaram baixo nível de comprometimento do staff. Parece que estes empregados ficaram confusos, e até mesmo desconfiados, pois um gerente sênior disse: "Não ocorrerão demissões", enquanto outro disse: "É provável que não haja demissões."

As organizações também subestimam sua competência para conquistar o apoio do staff. Um simples esforço para atrair empregados pode transformá-los em campeões de novas idéias. Por exemplo, na década de 1990, um grande produtor norte-americano de energia não conseguia obter o apoio de gerentes intermediários, supervisores e trabalhadores para um programa de aumento da produtividade. Após várias tentativas, os altos executivos decidiram ter uma série de conversas, um a um, com gerentes intermediários como último esforço para conquistá-los. As conversas giravam em torno dos objetivos do programa, seu impacto sobre os empregados e por que seria difícil para a organização sobreviver sem as mudanças. A iniciativa ganhou impulso, em parte devido à conversa franca. Isso permitiu à equipe do projeto demonstrar uma série de ganhos rápidos, o que conferiu à iniciativa uma oportunidade de aperfeiçoamento.

ESFORÇO

Quando as empresas lançam esforços de transformação, costumam não perceber, ou não conseguem lidar com o fato de que os empregados já estão ocupados com suas responsabilidades cotidianas. De acordo com tabelas de staff, em muitos negócios as pessoas trabalham mais de 80 horas por semana. Se, além das responsabilidades existentes, gerentes de linha e staff precisarem lidar com mudanças no seu trabalho ou nos sistemas utilizados, eles resistirão.

Equipes do projeto devem calcular a quantidade de trabalho designada aos empregados antes de ultrapassarem suas responsabilidades existentes para adotar novos processos. O ideal é que a carga de trabalho de ninguém aumente mais de 10%. Se esse limite for ultrapassado, provavelmente a iniciativa correrá perigo. Recursos serão esgotados, comprometendo o programa de mudança ou as operações normais. O moral dos funcionários ficará em baixa e poderão surgir conflitos entre as equipes e o staff de linha. Para minimizar os perigos, gerentes de projeto devem utilizar uma métrica simples como o aumento percentual em uma tentativa de conscientizar os empregados de que precisam lidar com os novos procedimentos e de que devem colaborar. Eles também devem verificar se o esforço adicional que exigiram representa sobrecarga adicional, quando as cargas de trabalho são pesadas, e se os empregados provavelmente resistirão ao projeto porque este exigirá mais de seu tempo já escasso.

As empresas precisam decidir se tirarão parte do trabalho regular de empregados que exercerão funções-chave no projeto de transformação. Elas podem começar livrando esses empregados de responsabilidades arbitrárias ou não-essenciais. Além disso, firmas devem rever todos os outros projetos do plano operacional e avaliar quais são críticos para o esforço de mudança. Em uma empresa, o comitê geral do projeto adiou ou reestruturou 120 dos 250 subprojetos para que alguns gerentes de linha pudessem focar projetos de maior prioridade. Outra forma de a empresa aliviar a pressão é contratar trabalhadores temporários, como gerentes aposentados, para desempenhar atividades rotineiras ou para terceirizar processos atuais até concluir a troca de ferramentas. A transferência de tarefas rotineiras ou o adiamento de projetos é um processo caro e demorado; então, as empresas precisam considerar essas questões antes de se lançarem em esforços de transformação.

Criação da estrutura

Agora que compreendemos melhor os quatro fatores, criamos uma estrutura que pode ajudar executivos a avaliar suas iniciativas de transformação e destacar intervenções que podem aumentar suas chances de sucesso. Desenvolvemos um sistema de pontuação baseado nas variáveis que afetam cada fator. Executivos podem designar pontos aos fatores DICE e combiná-los para chegar a uma pontuação do projeto. (Consulte o quadro "Cálculo de pontuações DICE".)

Embora as avaliações sejam subjetivas, o sistema oferece às empresas uma estrutura objetiva para a tomada destas decisões. Além disso, o mecanismo de pontuação garante que executivos avaliem projetos e realizem *trade-offs* de forma mais consistente nos projetos.

Uma empresa pode comparar sua pontuação DICE no dia em que inicia um projeto com as pontuações dos projetos anteriores, bem como seus resultados, para verificar se a iniciativa se destina ao sucesso. Quando calculamos as pontuações dos 225 projetos de mudança no nosso banco de dados e os comparamos aos resultados, a análise foi convincente. Projetos foram claramente definidos em três categorias ou zonas: *vencer*, que significa que qualquer projeto com uma pontuação neste intervalo é estatisticamente propenso a ser bem-sucedido; *preocupar-se*, que sugere a dificuldade de prever o resultado do projeto; e *lamentar-se*, que implica que o projeto é totalmente imprevisível ou destinado à mediocridade ou ao fracasso. (Consulte o quadro "Pontuações DICE antecipam resultados do projeto".)

As empresas podem rastrear como projetos de mudança estão se saindo, calculando pontuações no decorrer do tempo, ou antes e após terem feito mudanças na estrutura de um projeto. Os quatro fatores oferecem a prova dos nove que executivos podem utilizar para avaliar a probabilidade de sucesso de determinado projeto ou conjunto de projetos. Pense no caso de um grande banco australiano que, em 1994, queria reestruturar suas operações administrativas. Executivos mais experientes concordaram com a justificativa para a mudança, mas discordaram quanto à determinação se o banco poderia atingir seus objetivos, pois a transformação exigia grandes mudanças nos processos e nas estruturas organizacionais. Reunir a equipe e a alta gerência por um tempo suficiente para classificar suas diferenças revelou-se uma tarefa impossível; as pessoas estavam ocupadas demais. Foi então que a equipe do projeto decidiu analisar a iniciativa utilizando a estrutura DICE.

Cálculo de pontuações DICE

Empresas podem determinar se seus programas de mudança serão bem-sucedidos pedindo aos executivos para calcular pontuações para cada um dos quatro fatores da estrutura DICE – duração, integridade, comprometimento e esforço. Eles devem pontuar cada fator em uma escala de 1 a 4 (utilizando frações, caso necessário); quanto menor a pontuação, melhor. Então, a pontuação 1 sugere que é muito provável que o fator contribua para o sucesso, e a pontuação 4 significa que é pouco provável que o fator contribua para o sucesso. Acreditamos que as diretrizes de perguntas e pontuações a seguir permitem aos executivos classificar as iniciativas de transformação de maneira eficaz:

Duração [D]

Pergunta: As revisões formais do projeto ocorrem com que freqüência? Se o projeto leva mais de dois meses para ser concluído, qual é o tempo médio entre as revisões?

Pontuação: Se o tempo entre as revisões do projeto for menor que dois meses, dê a pontuação 1 ao projeto. Se o tempo estiver entre dois e quatro meses, dê a pontuação 2; entre quatro e oito meses, dê a pontuação 3; e se houver um espaço de mais de oito meses entre as revisões, dê a pontuação 4.

Integridade do desempenho [I]

Pergunta: O líder de equipe é uma pessoa capaz? Os membros da equipe possuem habilidades e motivações fortes o suficiente? Eles têm tempo suficiente para dedicar à iniciativa de mudança?

Pontuação: Se a equipe do projeto for conduzida por um líder altamente capaz, que é respeitado pelos colegas, se os membros tiverem as habilidades e a motivação necessárias para concluir o projeto no período estipulado, e se a empresa tiver designado pelo menos 50% do tempo dos membros da equipe ao projeto, você poderá dar a pontuação 1 ao projeto. Se a equipe apresentar deficiências em todas essas dimensões, dê a pontuação 4. Se as capacidades da equipe forem intermediárias, atribua a pontuação 2 ou 3.

Comprometimento da gerência sênior [C_1]

Pergunta: Altos executivos costumam explicar o motivo da mudança e a importância do seu sucesso? A mensagem é convincente? A mensagem é consistente para a equipe da alta gerência e com o passar do tempo? A alta gerência dedicou recursos suficientes ao programa de mudança?

Pontuação: Se os altos executivos tiverem transmitido claramente, por ações e palavras, a necessidade de mudança, dê a pontuação 1 ao projeto. Se os altos executivos parecerem ser neutros, receberão 2 ou 3 pontos. Se os gerentes perceberem que os altos executivos hesitam em apoiar a mudança, dê 4 pontos ao projeto.

Comprometimento em nível local [C_2]

Pergunta: Os empregados mais afetados pela mudança compreendem o motivo dela e acreditam que ela valha a pena? Eles se mostram entusiasmados e nos apóiam, ou estão preocupados e obstrutivos?

Pontuação: Se empregados estão ansiosos para assumir a iniciativa de mudança, você pode dar a pontuação 1 ao projeto; se estão apenas dispostos a ajudar, dê 2 pontos. Se estiverem pouco ou muito hesitantes, dê 3 ou 4 pontos ao projeto.

Esforço [E]

Pergunta: Qual é o percentual de esforço maior que os empregados precisam fazer para implementar o esforço de mudança? O esforço incremental é uma sobrecarga adicional sobre a carga de trabalho pesada existente? As pessoas resistiram fortemente ao aumento de demanda sobre elas?

Pontuação: Se o projeto exigir menos de 10% de trabalho extra dos empregados, você poderá dar a ele a pontuação 1. Se o trabalho extra for entre 10% e 20%, o projeto deverá receber 2 pontos. Se for entre 20% e 40%, ele deverá receber 3 pontos. E se houver mais de 40% de trabalho adicional, dê 4 pontos.

Executivos podem combinar os quatro elementos em uma pontuação de projeto. Quando conduzimos uma análise de regressão do nosso banco de dados de esforços de mudança, descobrimos que a combinação que melhor se correlaciona com os resultados reais dobra o peso dado ao desempenho da equipe (I) e ao comprometimento de gerenciamento sênior (C_1). Isso é traduzido na seguinte fórmula:

Pontuação DICE = D + (2 × I) + (2 × C_1) + C_2 + E

No sistema de pontuação de 1 a 4, a fórmula gera pontos gerais que variam de 7 a 28. As empresas podem comparar os pontos de um projeto com os de projetos anteriores e seus resultados para avaliar se o projeto está destinado ao sucesso ou ao fracasso. Nossos dados mostram uma distribuição clara de pontos:

Pontos entre 7 e 14: O projeto tem grande chance de ser bem-sucedido. Chamamos isto de "Zona Vencer".

Pontos acima de 14 e abaixo de 17: Os riscos ao sucesso do projeto estão aumentando, especialmente quando a pontuação se aproxima de 17. Esta é a "Zona Preocupar-se".

Pontos acima de 17: O projeto é extremamente arriscado. Se um projeto tem pontuação acima de 17 e abaixo de 19, os riscos ao sucesso são muito altos. Acima de 19, o projeto tem poucas chances de ser bem-sucedido. É por isso que chamamos esta área de "Zona Lamentar-se".

Alteramos os limites das zonas com o tempo. Por exemplo, a "Zona Preocupar-se" primeiro estava entre 14 e 21 pontos, e a "Zona Lamentar-se" estava entre 21 e 28 pontos. Mas descobrimos que as empresas preferem ser alertadas sobre o problema assim que os resultados se tornam imprevisíveis (17 a 20 pontos). Portanto, compactamos a "Zona Preocupar-se" e expandimos a "Zona Lamentar-se".

(*Continua*)

Cálculo de pontuações DICE (continuação)

[D]	[I]	[C_1]	[C_2]	[E]

Calcular

Pontuação DICE = $D + 21 + 2C_1 + C_2 + E$

Enredo

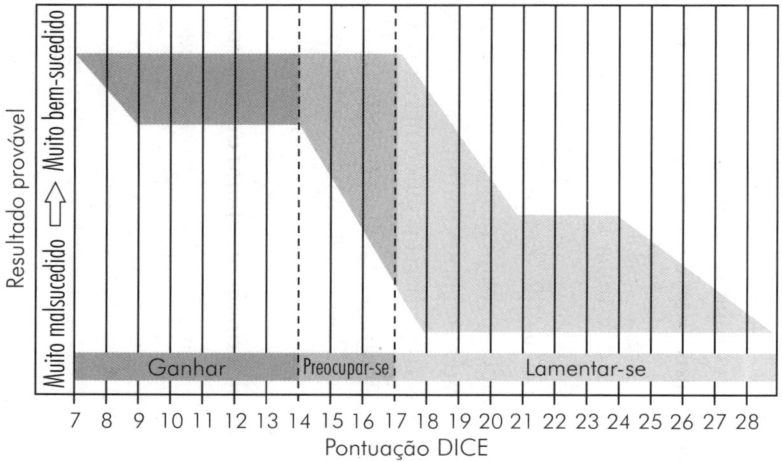

Isso levou a condensar o que poderia ser um debate de dois dias, sem hora para acabar, em uma discussão que levou exatas duas horas. O foco em apenas quatro elementos gerou um panorama claro dos pontos fortes e fracos do projeto. Por exemplo, gerentes aprenderam que a reestruturação levaria oito meses para ser implementada, mas que tinha marcos e revisões mal definidos. Embora a equipe do projeto fosse capaz e o gerenciamento sênior mostrasse nível razoável de comprometimento com o esforço, havia espaço para aperfeiçoamentos em ambas as áreas. A força de trabalho administrativo foi hostil às mudanças propostas, pois mais de 20% dessas pessoas perderiam seus empregos. Gerentes e empregados concordaram que o staff administrativo precisava aplicar 10% a 20% a mais de esforço, além dos comprometimentos exis-

Pontuações DICE antecipam resultados do projeto

Quando identificamos as pontuações DICE de 225 iniciativas de gerenciamento de mudança no eixo horizontal, e os resultados destes projetos no eixo vertical, descobrimos três conjuntos de correlações. Os projetos com pontuações DICE entre 7 e 14 costumavam ser bem-sucedidos; aqueles com pontuações acima de 14 e abaixo de 17 eram imprevisíveis; e os projetos com pontuações acima de 17 costumavam ser malsucedidos. Atribuímos nomes às três zonas: "Vencer", "Preocupar-se" e "Lamentar-se", respectivamente (cada número identificado no gráfico representa o número de projetos, em um total de 225 projetos, e tem uma pontuação DICE específica.)

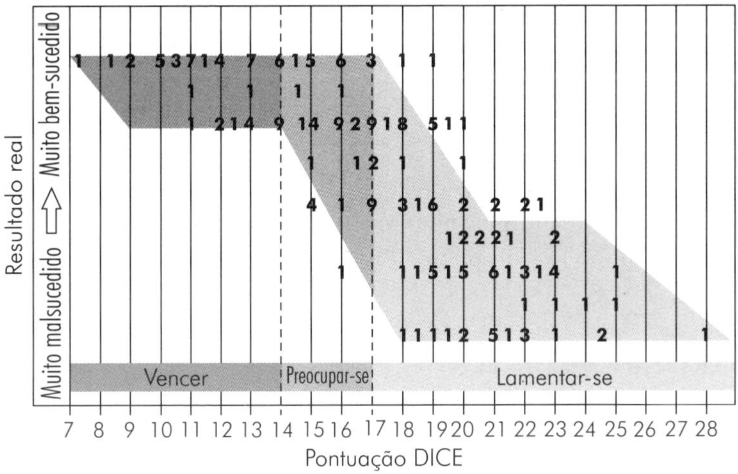

tentes, durante a implementação. Na escala do DICE, o projeto estava mergulhado na "Zona Lamentar-se".

Todavia, a avaliação também levou gerentes a tomar providências para aumentar a possibilidade de sucesso antes de iniciar o projeto. O banco decidiu dividir a linha de tempo do projeto em duas – uma de curto prazo e outra de longo prazo. Isso permitiu ao banco programar pontos de revisão com mais freqüência e maximizar a aptidão de membros da equipe de aprender a partir da experiência, antes de a transformação crescer em complexidade. Para aumentar o comprometimento do staff, o banco decidiu dedicar mais tempo à explicação sobre a necessidade da mudança e como a instituição apoiaria o staff durante a implementação. O banco também analisou mais de perto as pessoas envolvidas no projeto e mudou alguns líderes de equipe quando percebeu que lhes faltavam as habilidades necessárias. Finalmente, os executivos mais experientes fizeram um esforço consentido para mostrar seu apoio à iniciativa, segurando um mapa rodoviário de viagem para explicar o projeto às pessoas de todos os níveis da organização. Analisados em conjunto, as ações e os planos do banco transferiram o projeto para a "Zona Vencer". Um ano e dois meses depois, o banco concluiu o projeto – no prazo e abaixo do orçamento.

Aplicação da estrutura DICE

A simplicidade da estrutura DICE costuma ser seu principal problema; executivos parecem buscar respostas mais complexas. Contudo, ao ignorar o óbvio costumam fazer comprometimentos que não funcionam. Empresas inteligentes tentam não cair na armadilha, utilizando a estrutura DICE em uma das três formas a seguir.

RASTREIE PROJETOS

Algumas empresas treinam gerentes acerca de como utilizar a estrutura DICE antes de iniciar programas de transformação. Executivos utilizam versões da ferramenta baseadas em planilhas para calcular as pontuações DICE de vários componentes do programa e compará-las com pontuações anteriores. Com o tempo, todas as pontuações são julgadas em relação à trajetória das pontuações e, conforme veremos em seguida, ao portfolio de pontuações.

Altos executivos costumam utilizar avaliações DICE como indicadores de aviso antecipado de que iniciativas de transformação estão com problemas. Foi assim que Amgen, a empresa de biotecnologia de $10,6 bilhões, utilizou a estrutura DICE. Em 2001, a empresa realinhou suas operações em torno de alguns processos-chave, ampliou suas ofertas, relançou alguns produtos maduros, fez parceria com algumas empresas e adquiriu outras, e lançou várias inovações. Para evitar problemas de implementação, a equipe da alta gerência da Amgen utilizou a estrutura DICE para medir a eficácia na alocação de pessoas, o tempo da gerência sênior e outros recursos. Assim que projetos relatavam problemas de pontuações, executivos designados prestavam atenção a eles. Eles revisavam os projetos com maior freqüência, reconfiguravam as equipes e alocavam mais recursos. Em uma área do projeto de mudança, a Amgen utilizou a DICE para rastrear 300 iniciativas e reconfigurou 200 delas.

Empresas de pequeno e grande portes podem fazer bom uso da ferramenta. Veja o caso de um hospital que lançou seis projetos de mudança no final da década de 1990. Cada iniciativa envolvia muito investimento, tinha implicações clínicas significativas, ou ambos. O gerente-geral do hospital sentiu que alguns projetos estavam indo bem, mas estava preocupado com os demais. Ele não conseguia identificar o motivo de suas preocupações, a não ser pelo seu mal-estar. Entretanto, quando utilizou a estrutura DICE, o gerente-geral conseguiu confirmar suas suspeitas. Após um debate de 45 minutos com gerentes de projeto e outras pessoas-chave, ele estabeleceu que três projetos estavam na "Zona Vencer", mas dois estavam na "Zona Lamentar-se" e um estava na "Zona Preocupar-se".

Na opinião do gerente-geral, os projetos mais fortes consumiam mais do que a participação justa de recursos. O staff sênior do hospital percebeu que esses projetos teriam êxito e dedicou mais tempo à sua promoção, participando de reuniões sobre eles e verificando se tinham recursos suficientes. Por outro lado, ninguém gostava de participar de reuniões sobre projetos com mau desempenho. Então, o gerente-geral parou de ir às reuniões de projetos que estavam em curso; ele só participava de sessões relacionadas aos três projetos com baixo desempenho. Retirava alguns gerentes dos projetos que estavam com progresso lento e realocava-os para os esforços mais arriscados. Adicionava mais marcos às empresas resistentes, atrasava a sua conclusão e fazia pressão para obter aperfeiçoamentos. Essas medidas ajudaram a garantir que todos os seis projetos atendessem aos seus objetivos.

GERENCIE PORTFOLIOS DE PROJETOS

Quando empresas lançam grandes programas de transformação, apresentam vários projetos para atingir seus objetivos. Mas se executivos não gerenciam o portfolio corretamente, estas tarefas acabam competindo por atenção e recursos. Por exemplo, altos executivos podem escolher os melhores empregados para projetos patrocinados por eles ou dar atenção a projetos de interesse pessoal, em vez de focar os projetos que necessitam de atenção. Ao colocar em uso nossa estrutura antes de começar iniciativas de transformação, as empresas poderão identificar projetos problemáticos em portfolios, focar a expertise da execução e a atenção no gerenciamento sênior, onde for mais necessário, e reduzir problemas políticos.

Vejamos, por exemplo, o caso de uma empresa de manufatura australiana que havia planejado uma série de 40 projetos como parte de um programa para aumentar a rentabilidade. Como alguns tinham maiores implicações financeiras do que outros, o gerente-geral da empresa convocou uma reunião com todos os proprietários de projetos e altos executivos. O grupo passou por cada projeto, discutindo sua pontuação DICE e identificando as áreas problemáticas. Após listar todas as pontuações e questões, o gerente-geral se dirigiu a um quadro branco e fez um círculo ao redor dos cinco projetos mais importantes. "Estou preparado para aceitar que alguns projetos iniciarão na 'Zona Preocupar-se', embora eu não aceite nada fora do meio desta zona por mais de algumas poucas semanas. Para os cinco melhores, não iniciaremos até isso estar dentro da 'Zona Vencer'. O que precisamos fazer para alcançar isto?", ele perguntou.

O grupo começou a pensar e agir prontamente. Ele separou as pessoas em equipes, reconfigurou alguns projetos e identificou aqueles aos quais gerentes mais experientes devem ficar atentos – tudo isso ajudou a elevar as pontuações DICE antes de a implementação começar. Os projetos mais importantes estavam definidos para o sucesso enfático, enquanto a maioria dos restantes conseguiu entrar na "Zona Vencer". O grupo deixou alguns projetos na Zona "Preocupar-se", mas ele concordou em rastreá-los de perto para garantir que sua pontuação aumente. Em nossa experiência, esta é a coisa certa a ser feita. Quando empresas estão tentando uma auto-renovação, elas não devem ter todos os projetos na "Zona Vencer"; caso isso ocorra, significa que elas não são ambiciosas o suficiente. As transformações devem acarretar mudanças fundamentais que distendem uma organização.

FORCE A CONVERSAÇÃO

Quando diferentes executivos calculam pontuações DICE para o mesmo projeto, os resultados podem variar muito. A diferença em pontuações é especialmente importante em termos do diálogo que ela dispara. Ela provoca os participantes e os envolve em um debate sobre questões como "Por que vemos o projeto destas maneiras diferentes?" e "O que podemos concordar em fazer para garantir que o projeto seja bem-sucedido?" Isso é importante, pois até mesmo pessoas dentro da mesma empresa precisam de uma estrutura em comum para discutir problemas com iniciativas de mudança. Preconceitos, diferentes perspectivas e uma resistência ou incapacidade de falar podem bloquear debates eficazes. Ao utilizar a estrutura DICE, empresas podem criar uma linguagem em comum e forçar as discussões certas.

Às vezes, empresas fazem workshops para analisar projetos que estão atravessando um momento difícil. Nestas sessões de duas a quatro horas, grupos de até 15 altos executivos e gerentes intermediários, junto com a equipe do projeto e os patrocinadores do projeto, conseguem ter um diálogo franco. O debate costuma deixar de abordar as pontuações do projeto para identificar as causas subjacentes de problemas e possíveis soluções. Os workshops apresentam diferentes opiniões que, em geral, podem ser combinadas em soluções inovadoras. Considere, por exemplo, a forma como workshops da DICE ajudaram um provedor de serviços de telecomunicações que havia planejado um grande esforço de transformação. Consistindo em cinco iniciativas estratégicas e 50 subprojetos que precisavam estar rapidamente em plenas condições de funcionamento, o programa confrontou alguns sérios obstáculos. As metas, os cronogramas e os objetivos de receita do projeto não estavam claros. Houve atrasos na aprovação de casos de negócios, falta de rigor e foco em planejamento e identificação de marcos, além de uma escassez de recursos. Havia questões de liderança também. Por exemplo, deficiências em nível executivo haviam resultado em fraca coordenação de projetos e má interpretação de riscos.

Para colocar o programa de transformação em foco, a companhia de telecomunicações incorporou a DICE nos kits de ferramentas dos gerentes de projeto. O Escritório de Gerenciamento de Projetos organizou uma série de workshops para analisar questões e decidir medidas futuras. Um workshop, por exemplo, era dedicado a três projetos de desenvolvimento de novos produtos, dois dos quais haviam entrado na "Zona Lamentar-se" e um na "Zona Preocupar-se". Os participantes encontravam problemas para tensão entre gerentes e especialistas tecnológicos, falta de financiamento, falta de potencial humano e baixa definição dos escopos dos projetos. Eles acabaram concordando com três ações corretivas: marcar uma reunião para resolução de conflito entre os diretores responsáveis pela tecnologia e aqueles responsáveis pelo negócio principal; confirmação de que a liderança sênior prestasse logo atenção nas questões de recursos; e juntar a equipe do projeto e o chefe da linha de negócios para formalizar objetivos do projeto. Com o patrocinador do projeto comprometido com essas ações, os três projetos aumentaram a pontuação DICE e, portanto, tinham maiores chances de sucesso na época em que este artigo foi publicado.

Conversas sobre pontuações DICE são especialmente úteis para transformações em grande escala que vão além de unidades de negócios, funções e localizações. Nestes esforços de mudança é essencial encontrar o equilíbrio certo entre supervisão centralizada, que garante que todos na organização levem a sério o esforço e compreendam as metas, e a autonomia que várias iniciativas necessitam. Equipes precisam ter a flexibilidade e o incentivo para produzir soluções personalizadas para seus mercados, funções e ambientes competitivos. É difícil alcançar o equilíbrio sem uma consideração explícita das variáveis DICE.

Vejamos o caso de uma companhia de bebidas, líder mundial, que precisava aumentar a eficiência operacional e focar as marcas e os mercados mais promissores. A empresa também buscava tornar processos-chave mais inovadores, entre os quais desenvolvimento de demanda do consumidor e satisfação do cliente. As metas do CEO eram ambiciosas e exigiam o investimento de recursos significativos na empresa. A alta gerência enfrentava enormes desafios na estruturação do esforço e na geração de projetos que focavam as questões certas. Executivos sabiam que isso exigiria vários anos de esforço, mas sem programações apertadas e supervisão de projetos individuais, os projetos corriam o risco de demorar muito para serem concluídos e os resultados acabariam enfraquecidos.

Para mitigar os riscos, os executivos mais experientes decidiram analisar cada projeto em diversos níveis da organização. Utilizando a estrutura DICE, analisaram cada esforço, todo mês, até se sentirem confiantes de que a empresa estava no caminho certo. Em seguida, ocorreram análises quando projetos atingiram grandes marcos. Não se passaram mais de dois meses entre as revisões, mesmo nas maiores etapas do programa. O tempo entre as revisões no nível da equipe do projeto era ainda menor: líderes de equipe revisavam o progresso duas vezes por semana durante a transformação. Algumas das melhores pessoas participavam do esforço o tempo todo. O Departamento de Recursos Humanos assumiu uma função ativa no recrutamento de membros de equipe, criando um ciclo virtuoso no qual as melhores pessoas começaram a buscar envolvimento em várias iniciativas. Durante o curso da transformação, a empresa promoveu vários membros da equipe para posições de liderança em linha e funcional em virtude do seu desempenho.

O programa de mudança da empresa resultou em centenas de milhões de dólares de criação de valor. As marcas antes estagnadas começaram a crescer, novos mercados foram abertos, como a China, e as atividades de vendas e promoção foram alinhadas com os canais de crescimento mais rápido. Houve vários momentos durante o processo em que a inércia na organização ameaçou prejudicar os esforços de mudança. Entretanto, a crença da alta gerência em focar as quatro variáveis principais ajudou a levar a empresa a uma trajetória superior de desempenho.

AO FORNECER UMA LINGUAGEM comum para a mudança, a estrutura DICE permite que as empresas aproveitem o insight e a experiência de seus empregados. Muito foi dito sobre gerentes intermediários que desejam bloquear a mudança. Acreditamos que a maioria dos gerentes intermediários esteja preparada para apoiar esforços de mudança, mesmo que isso envolva trabalho adicional e incerteza, e coloque seus trabalhos em risco. Contudo, eles resistem à mudança, pois não têm informações suficientes para moldar essas iniciativas. Muitas vezes, eles não têm as ferramentas, a linguagem e os fóruns nos quais podem expressar legítimas preocupações com o design e a implementação de projetos de mudança. É aí que entra em cena uma estrutura padrão, quantitativa e simples. Ao permitir conversas francas em todos os níveis dentro das organizações, a estrutura DICE ajuda as pessoas a fazer a coisa certa por meio da mudança.

Os quatro fatores

ESTES FATORES DETERMINAM o resultado de qualquer iniciativa de transformação.

- **D.** A **duração** de tempo até o término do programa de mudança, quando ele tem expectativa de vida curta; se ela não for curta, a quantidade de tempo entre as revisões de marcos.
- **I.** A **integridade** de desempenho da equipe do projeto; ou seja, sua competência para concluir a iniciativa no prazo. Isso depende das habilidades e dos traços dos membros relativos às exigências do projeto.
- **C.** O **comprometimento** com a mudança apresentado pela alta gerência (C_1) e pelos empregados afetados pela mudança (C_2).
- **E.** O **esforço** muito acima do trabalho usual que a iniciativa de mudança exige dos empregados.

Originalmente publicado em outubro de 2005
Reimpressão R0510G

Os colaboradores

ERIC ABRAHAMSON é professor de gerenciamento na Columbia Business School, em Nova York, onde ele ensina e conduz uma pesquisa sobre comportamento organizacional e gerenciamento de mudança.

RAM CHARAN lecionou na Harvard Business School e na Kellogg School da Universidade de Northwestern. É autor de vários livros.

DAVID A. GARVIN é professor na cadeira C. Roland Christensen de Administração de Negócios na Harvard Business School, em Boston.

ALAN JACKSON é vice-presidente sênior do Boston Consulting Group em Sidney, na Austrália.

PERRY KEENAN é vice-presidente do Boston Consulting Group e líder de tópico global para gestão de programa rigoroso, em Auckland, na Nova Zelândia.

W. CHAN KIM é professor de Estratégia e Gestão Internacional da cadeira Bruce D. Henderson, do Boston Consulting Group, no INSEAD, em Fontainebleau, na França.

JOHN P. KOTTER é professor de Liderança na cadeira Konosuke Matsushita (aposentado) na Harvard Business School, em Boston.

RENÉE MAUBORGNE é professora benemérita de estratégia e gerenciamento no INSEAD, em Fontainebleau, na França.

ROBERT E. QUINN é professor da cadeira Margaret Elliot Tracy Collegiate de Administração de Negócios; pertence ao grupo de organização e gestão da Ross School of Business, da Universidade de Michigan.

MICHAEL A. ROBERTO é professor assistente de Administração de Negócios na Harvard Business School.

HAROLD L. SIRKIN é vice-presidente sênior em Chicago e o líder da prática de operações globais do Boston Consulting Group.

PAUL STREBEL é professor e diretor do Programa de Mudança para gerentes internacionais do IMD, o Instituto Internacional de Desenvolvimento de Gerenciamento, em Lausanne, na Suíça.

Índice

Conheça também os outros livros da série:

Este livro oferece uma ampla gama de instrumentos e práticas que orientará você nas suas escolhas mais difíceis.

DECISÕES MAIS INTELIGENTES

ISBN: 978-85-352-2933-2
Páginas: 216

Este livro ajudará você a despertar para os desafios que enfrenta diariamente, tornando-o um líder mais forte, mais sagaz e mais capacitado.

RUMO À LIDERANÇA

ISBN: 978-85-352-2912-7
Páginas: 208

Este livro oferece lições sobre como desempenhar um papel de liderança e lidar com suas peculiaridades.

COMO O LÍDER PENSA

ISBN: 978-85-352-1682-0
Páginas: 176

Este livro consolida em poucos capítulos temas de relevância para a gestão de empresas sustentáveis.

GESTÃO DE EMPRESAS SUSTENTÁVEIS

ISBN: 978-85-352-1644-8
Páginas: 168

Este livro mostra os temas que devem ser considerados para uma execução de projetos plena e eficaz.

GESTÃO E IMPLEMENTAÇÃO DE PROJETOS

ISBN: 978-85-352-1681-3
Páginas: 188

Este livro oferece artigos sobre temas de relevância para a ética e a responsabilidade social nas empresas.

ÉTICA E RESPONSABILIDADE SOCIAL NAS EMPRESAS

ISBN: 978-85-352-1583-0
Páginas: 180

Este livro apresenta os temas significativos para a liderança e a motivação na empresa.

LIDERANÇA E MOTIVAÇÃO

ISBN: 978-85-352-1584-7
Páginas: 180

Este livro aborda alguns aspectos relativos à necessidade de mudança.

LIDERANÇA CLASSE MUNDIAL

IBSN: 978-85-352-1601-1
Páginas: 176

Este livro tem como foco a inovação e a necessidade de as empresas estarem sempre inovando.

O VALOR DA INOVAÇÃO

ISBN: 978-85-352-1617-2
Páginas: 160

Este livro mostra o pensamento de vanguarda e as aplicações práticas que estão definindo a gestão do conhecimento.

GESTÃO DO CONHECIMENTO

ISBN: 978-85-352-0699-9
Páginas: 208

Este livro ajudará os gerentes a melhorarem sua performance e se tornarem os líderes de amanhã.

COMUNICAÇÃO PESSOAL IMPECÁVEL

ISBN: 978-85-352-1447-5
Páginas: 160

nosso trabalho para atendê-lo(la) melhor e aos outros leitores. Por favor, preencha o formulário abaixo e envie pelos correios. Agradecemos sua colaboração.

Seu Nome: ____________________

Sexo: ☐ Feminino ☐ Masculino CPF: ____________

Endereço: ____________________

E-mail: ____________________

Curso ou Profissão: ____________________

Ano/Período em que estuda: ____________________

Livro adquirido e autor: ____________________

Como ficou conhecendo este livro?

☐ Mala direta
☐ E-mail da Elsevier
☐ Recomendação de amigo
☐ Anúncio (onde?) ____________
☐ Recomendação de seu professor?
☐ Site (qual?) ____________
☐ Resenha jornal ou revista
☐ Evento (qual?) ____________
☐ Outro (qual?) ____________

Onde costuma comprar livros?

☐ Internet (qual site?) ____________________
☐ Livrarias ☐ Feiras e eventos ☐ Mala direta

☐ Quero receber informações e ofertas especiais sobre livros da Elsevier e Parceiros

ELSEVIER

SAC ELSEVIER | 0800 026 53 40 sac@elsevier.com.br

Cartão Resposta
050120048-7/2003-DR/RJ
Elsevier Editora Ltda
CORREIOS

CARTÃO RESPOSTA

Não é necessário selar

O SELO SERÁ PAGO POR

Elsevier Editora Ltda

20299-999 - Rio de Janeiro - RJ

Qual(is) o(s) conteúdo(s) de seu interesse?

Jurídico - ☐ Livros Profissionais ☐ Livros Universitários ☐ OAB ☐ Teoria Geral e Filosofia do Direito

Educação & Referência - ☐ Comportamento ☐ Desenvolvimento Sustentável ☐ Dicionários e Enciclopédias ☐ Divulgação Científica ☐ Educação Familiar
☐ Finanças Pessoais ☐ Idiomas ☐ Interesse Geral ☐ Motivação ☐ Qualidade de Vida ☐ Sociedade e Política

Negócios - ☐ Administração/Gestão Empresarial ☐ Biografias ☐ Carreira e Liderança Empresariais ☐ E-Business
☐ Estratégia ☐ Light Business ☐ Marketing/Vendas ☐ RH/Gestão de Pessoas ☐ Tecnologia

Concursos - ☐ Administração Pública e Orçamento ☐ Ciências ☐ Contabilidade ☐ Dicas e Técnicas de Estudo
☐ Informática ☐ Jurídico Exatas ☐ Língua Estrangeira ☐ Língua Portuguesa ☐ Outros

Universitário - ☐ Administração ☐ Ciências Políticas ☐ Computação ☐ Comunicação ☐ Economia ☐ Engenharia
☐ Estatística ☐ Finanças ☐ Física ☐ História ☐ Psicologia ☐ Relações Internacionais ☐ Turismo

Áreas da Saúde - ☐ Anestesia ☐ Bioética ☐ Cardiologia ☐ Ciências Básicas ☐ Cirurgia ☐ Cirurgia Plástica ☐ Cirurgia Vascular e Endovascular
☐ Dermatologia ☐ Ecocardiologia ☐ Eletrocardiologia ☐ Emergência ☐ Enfermagem ☐ Fisioterapia ☐ Genética Médica
☐ Ginecologia e Obstetrícia ☐ Imunologia Clínica ☐ Medicina Baseada em Evidências ☐ Neurologia ☐ Odontologia ☐ Oftalmologia
☐ Ortopedia ☐ Pediatria ☐ Radiologia ☐ Terapia Intensiva ☐ Urologia ☐ Veterinária

Outras Áreas - ______________________________

Tem algum comentário sobre este livro que deseja compartilhar conosco?

____

* A informação que você está fornecendo será usada apenas pela Elsevier e não será vendida, alugada ou distribuída por terceiros sem permissão preliminar.